TRANSFORME SEU EMPREGO NO MELHOR TRABALHO DO MUNDO

100 conselhos para lidar com dificuldades e conflitos do dia a dia e deslanchar na carreira

CARO LEITOR,

Queremos saber sua opinião sobre nossos livros. Após a leitura, curta-nos no facebook/editoragentebr, siga-nos no Twitter @EditoraGente e visite-nos no site www.editoragente.com.br, cadastre-se e contribua com sugestões, críticas e elogios.

Boa leitura!

LILIT MARCUS

TRANSFORME SEU EMPREGO NO MELHOR TRABALHO DO MUNDO

100 conselhos para lidar com dificuldades e conflitos do dia a dia e deslanchar na carreira

Tradução de Cristina Sant'Anna

Gente editora

GERENTE EDITORIAL
Alessandra J. Gelman Ruiz

EDITORA DE PRODUÇÃO EDITORIAL
Rosângela de Araujo Pinheiro Barbosa

CONTROLE DE PRODUÇÃO
Elaine Cristina Ferreira de Lima

PRODUÇÃO EDITORIAL
Sieben Gruppe Serviços Editoriais

PROJETO GRÁFICO E DIAGRAMAÇÃO
Cissa Tilelli Holzschuh

TRADUÇÃO
Cristina Sant'Anna

PREPARAÇÃO DE TEXTO
Cissa Tilelli Holzschuh

REVISÃO
Renata Sangeon

CAPA
Daniel Pecly

IMPRESSÃO
Assahí Gráfica

Originalmente publicado nos Estados Unidos e no Canadá por Hyperion com o título SAVE THE ASSISTANTS. Esta tradução foi publicada mediante acordo com Hyperion.

Rua Pedro Soares de Almeida, 114
São Paulo, SP — CEP 05029-030
Tel: (11) 3670-2500
Site: http://www.editoragente.com.br
E-mail: gente@editoragente.com.br

Dados Internacionais de Catalogação na Publicação (CIP)
(Câmara Brasileira do Livro, SP, Brasil)

Marcus, Lilit

Transforme seu emprego no melhor trabalho do mundo: 100 conselhos para lidar com dificuldades e conflitos do dia a dia e deslanchar na carreira / Lilit Marcus ; tradução de Cristina Sant'Anna. -- São Paulo : Editora Gente, 2012.

Título original: Save the assistants
Bibliografia
ISBN 978-85-7312-785-0
1. Assistentes administrativos 2. Supervisores I. Título.

12-05153 CDD-651.3

Índices para catálogo sistemático:
1. Assistentes administrativos : Administração 651.3

Agradecimentos

Foi necessária uma multidão para que este livro existisse. E sem Ashley Seashore, uma querida amiga que posteriormente se tornou minha colaboradora, eu jamais teria sobrevivido ao meu primeiro emprego como assistente. Não fosse por Ashley, este livro teria sido apenas algo sobre o qual pensei durante algum tempo; não o teria levado adiante. O site na internet também não existiria sem as excelentes fotografias de Justin Ouellette e sem Michael Lange, que montou a estrutura interna do site e disponibilizou incontáveis horas gratuitas de seu trabalho técnico.

Além do blog, este livro deve muito à orientação e ao apoio de minha agente, Rebecca Gradinger, da Fletcher & Company, e à minha editora, Nina Shield, assim como a toda a equipe da Hyperion.

Outras pessoas merecem meu agradecimento por incontáveis razões: meus pais, Joel e Harriet Marcus; DJ Waletzky; Stefanie Lieberman; Paul Lucas; Matthew Caldecutt; Erik Trinidad; Kimba Knight-Hart; e Lily Kosner.

Sumário

Introdução

Para ser totalmente honesta: eu criei o site savetheassistants.com porque detestava meu emprego. Eu gostaria de poder dizer que larguei aquele trabalho logo depois da minha primeira crise de choro no banheiro e imediatamente me tornei uma corajosa heroína, mas a verdade é que levei algum tempo para criar coragem e ir embora. Eu estava desesperada, mas não era burra — morar em Nova York não é barato, e eu precisava mesmo daquele salário miserável.

Eu cresci na Carolina do Norte e frequentei uma universidade estadual. Alguns meses depois de me formar, munida de um diploma de Literatura Inglesa e de sonhos de "viver a vida" como escritora (sabe-se lá o que isso quisesse dizer), mudei-me para Nova York. Eu não tinha amigos nem conhecidos na cidade, então, como tantos outros jovens, candidatei-me a todo tipo de emprego — mesmo aqueles que não tinham nada a ver com o que eu queria fazer. Além disso, trabalhei algum tempo como temporária. Um dia, a mulher que gerenciava a agência de temporários arrumou uma entrevista para eu ser recepcionista em uma grande empresa da área de mídia. Embora aquele não fosse o emprego dos meus sonhos, a companhia parecia interessante e eu imaginei que, sentada em minha mesa, teria tempo para continuar a enviar currículos e obsessivamente atualizar meu perfil nos anúncios classificados de sites como o Craigslist. A empresa, que eu vou chamar neste livro de Império do Mal, me contratou imediatamente. Então, no meu primeiro dia, enquanto ainda estava colocando minhas coisas na mesa que seria minha, o gerente do escritório me informou casualmente que eu também seria assistente de alguém. Surpresa!

Ser uma assistente no Império do Mal significava ouvir gritos durante horas por causa de alguma papelada que você grampeou do jeito que seu chefe não gostava. Embora a maioria dos chefes no Império do Mal fosse competitiva e gostasse de bater boca entre si, os funcionários não seguiam esse modelo e se tornaram um grupo simpático e unido. Uma das funcionárias com quem me dei superbem era Ashley Seashore. Ao contrário de mim, que fizera apenas estágios, Ashley contava com uma experiência profissional razoável e me ajudou a entender a rotina de entrada e saída de trabalho em um escritório. Ela me ensinou tudo o que eu não aprendi na faculdade, mas que precisava saber urgentemente em um emprego — como, por exemplo, quando colocar alguém em cópia oculta nos e-mails, como lidar com as críticas e o que dizer quando alguém me responsabilizava por algo que eu não fizera de errado. Não fosse por ela, eu teria sido demitida ou entrado em uma crise nervosa no final da minha segunda semana naquele escritório.

Nós, os funcionários, formávamos um grupo que se relacionava muito bem e nos tornamos uma rede de apoio informal uns para os outros. Alguém sempre cobria as urgências de um colega que estava de ressaca, ajudava a consertar uma apresentação em PowerPoint arruinada, atendia o telefone quando outro precisava fumar e saía para almoçar junto no dia do seu aniversário. Uma vez, conversando pelo sistema interno de mensagens (todos os sistemas de mensagens instantâneas como MSN, Yahoo, Gmail, Skype e, por fim, até mesmo um pequeno site chamado Save the assistants eram bloqueados nos computadores do escritório), Ashley e eu brincamos que seria muito legal se existisse uma rede on-line para nós, uma versão virtual das *happy hours* que fazíamos com a turma de funcionários. E, como não havia nenhuma, decidimos criá-la. Depois de deixarmos o Império do Mal, tivemos tempo para nos desintoxicar, encontramos empregos melhores que nos davam condições mais dignas e, finalmente, criamos o savetheassistants.com (STA).

No início, as únicas pessoas que liam o STA éramos nossos amigos e nós, sendo alguns deles os autores das histórias de terror que publicávamos sob pseudônimos (nota: apesar de alguns funcionários autorizarem a publicação do verdadeiro nome deles, todas as histórias de horror corporativo publicadas no site — e neste livro — usam nomes falsos). Mas, antes que percebêssemos, nossa audiência começou a crescer. Alguns blogs populares criaram links para o STA e passamos a ser mencionadas em artigos de revistas e jornais. Ser um funcionário maltratado e mal pago era um fenômeno bastante comum. Mesmo aquelas pessoas que deixaram de sofrer no trabalho havia bastante tempo e agora usufruíam de um emprego melhor ainda reclamavam do modo como foram tratadas no início da carreira. O fato é que "nossa pequena *happy hour* virtual" tornara-se um bar bastante lotado. Além das histórias de horror, começamos a tratar de outros temas: funcionários famosos, atualização em legislação trabalhista, políticas corporativas que afetavam os trabalhadores em início de carreira, resenhas sobre livros e artigos sobre programas de tevê e filmes como *O diabo veste Prada* e a série *Ugly Betty*, cujos protagonistas eram funcionários. As mensagens chegavam de lugares tão distantes quanto Londres e Sidney. Uma coisa eu aprendi: ter um péssimo emprego é algo mundial.

A parte mais recompensadora de cuidar do site foi ter a oportunidade de fazer amizade com funcionários em todo o mundo. Eu desenvolvi relacionamentos off-line com alguns de nossos contribuintes regulares e os aconselhei sobre como lidar melhor com seus chefes.

De vez em quando, os leitores me enviavam e-mails para dizer que haviam saído do emprego e, embora eu tenha perdido a audiência deles por deixarem de ser assistentes como eu, é gratificante saber que alguns textos postados em meu site ajudaram essas pessoas a direcionar sua carreira. Uma das profissionais que encontrou o emprego dos sonhos foi Ashley — com seu novo horário de trabalho e suas novas responsabilidades, ela não tem mais tempo para o STA, mas estou muito feliz que tenha alcançado o que almejava. Felizmente, às vezes ela ainda envia um e-mail com o link de uma história que se encaixa perfeitamente ao site.

Portanto, foi assim que este livro surgiu. Por que choramingar nos bares com os amigos a respeito dos maus-tratos recebidos quando é possível contá-los para o mundo inteiro? E, se você está preocupado em proteger seu/sua chefe, lembre-se de uma coisa: se ele/ela não quer que você fale sobre isso, ele/ela não deve se comportar assim.

No entanto, este livro vai além das histórias de terror, apesar de eu ter uma coleção delas. Eu também tenho diversas histórias sobre funcionários que conseguiram se dar bem e agora são chefes orgulhosos que tratam bem seus funcionários. Eu mergulhei na loucura corporativa. Tive de me virar para construir minhas próprias teorias sobre como identificar a personalidade de certos chefes e, mais importante, aprender a ajudar colegas que sofrem da tão temida Síndrome de Estocolmo.

Em muitos setores empresariais, ser assistente ainda é o único modo de começar a trabalhar. Você precisa saber manejar as cordas antes de começar a mexer a marionete, então, sua carreira está essencialmente nas mãos do chefe. Nem sempre isso é algo terrível, porque existem chefes bons e decentes por aí. Mas, infelizmente, muitos profissionais ainda têm de lidar com Veteranos, Estressados, Ogros Estabanados, Mártires e Falsos Amigos. Eu estou aqui para ajudar você com todos eles.

Manifesto aos funcionários da Geração Y

A relação entre chefes e jovens funcionários é parecida com a de pais e filhos: os jovens acham que os pais são chatos, tensos e antiquados; os mais velhos rotulam os jovens como preguiçosos, egoístas e arrogantes. As duas partes estão um pouco certas e um pouco erradas.

Por que a geração que está entrando atualmente no mercado de trabalho — a chamada Geração Y ou Geração do Milênio, por falta de expressão melhor — ganhou a reputação de ser formada por crianças mimadas que não querem trabalhar? Não chega a ser incomum que a geração "estabelecida" odeie os iniciantes. Nossos avós consideravam nossos pais um bando de vagabundos. É assim que funciona nos escritórios: os veteranos acreditam que sabem a melhor maneira de fazer tudo e não gostam que uma porção de recém-contratados diga o que precisa mudar. O motivo mais óbvio de divisão entre as gerações é a tecnologia. Como ela se altera e avança rapidamente, é a geração mais nova — isto é, os recém-contratados — que normalmente aprende mais depressa a usar com eficiência computadores, e-mails, iPads e toda a parafernália tecnológica das empresas. Para os mais velhos, imagine como é tentar se manter constantemente atualizado com a tecnologia do escritório e ver alguém mais jovem e menos experiente usar tudo sem nenhuma dificuldade.

Eu acredito que a tal "arrogância" da Geração Y no ambiente de trabalho é normalmente o resultado de um destes dois fatores: o sentimento genuíno do jovem funcionário de ter sido escolhido e contratado pelo processo de seleção para ocupar aquela determinada posição ou, em alguns casos mais raros, o funcionário que realmente tem um ar de arrogância — são poucos, mas são eles que dão origem à má reputação de toda uma geração.

Mesmo em incrível minoria, existem por aí garotos de 20 e poucos anos já com fundos de investimento, pais bem relacionados e egos poderosos que aparecem no primeiro dia na empresa e ficam horrorizados porque as pessoas querem que eles realmente trabalhem em vez de ser recompensados por simplesmente existirem. O personagem Pete Campbell, da primeira temporada da série *Mad Men*, é um exemplo clássico: ele vem de uma família muito rica, estudou nas melhores e mais caras escolas e se ressente pelo fato de seus chefes na agência de propaganda Sterling & Cooper, na Madison Avenue, esperarem que ele faça o trabalho dele. Seu sobrenome e *pedigree* familiar permitem que progrida no setor, mas ele não é muito bom no que faz. É, o tempo todo, petulante e vaidoso e trata os colegas — subordinados e pares — como inferiores. No entanto, a porcentagem média de "funcionários tipo Pete Campbell recém-formados" é muito pequena. A maioria dos Petes é tão bem relacionada que nem precisa se preocupar buscando um emprego na base da pirâmide. Embora existam por aí, é triste que uma mísera fração da Geração Y seja responsável pela má fama de todo o restante. O fato é que pessoas assim existem em todas as gerações; eles não são uma novidade. E, além disso, a cada ano uma nova safra de recém-formados é forçada a fazer milagres para não ser percebida como Pete Campbell — mesmo que alguns sintam inveja dele. Para falar a verdade, se nós tivéssemos fundos de investimentos, estaríamos começando uma ONG para alimentar órfãos famintos na África, e não sentados em escritórios.

Outros funcionários considerados arrogantes são os escolhidos e contratados via processos de seleção. A maioria dos arrogantes faz parte dessa turma. Sei, porque sou parte dela.

Após lançar o *best-seller Nickel and dimed*, no qual narra como passou um ano tentando viver com um salário de garçonete e mostra a situação dos trabalhadores pobres dos Estados Unidos, Barbara Ehrenreich publicou *Desemprego de colarinho branco — a inútil busca do sucesso profissional*. Nesse livro, de 2005, Barbara se disfarça como uma mulher que pretende voltar ao mercado de trabalho. Ela relata sua experiência em empresas que "vendem" um emprego para um futuro funcionário apenas para mudar completamente a descrição do cargo assim que a pessoa começa a trabalhar. Isso aconteceu comigo: de caso pensado, o Império do Mal me manteve no escuro sobre a real natureza da minha função enquanto eu estava no processo de seleção. Durante as entrevistas, a gerente de RH me fez perguntas bem detalhadas e sondou minhas ambições, meus sonhos e como eu me via profissionalmente em cinco anos. Eu já tinha feito algumas entrevistas antes para posições administrativas e em nenhuma delas a gestora de RH fora tão curiosa e atenciosa, querendo saber o que eu pretendia para minha carreira. Ela também deu muita atenção ao meu currículo, fazendo perguntas sobre o que estudei e como me sentia vivendo tão distante de casa, em Nova York. Eu saí de lá cheia de esperança e excitação.

Sabendo que ninguém aceitaria a dupla função em tempo integral — de recepcionista e assistente —, o que exige basicamente ser capaz de ocupar dois lugares ao mesmo tempo durante todo o dia e é a receita certa para o fracasso, a empresa se manteve reticente sobre quais eram de fato minhas atividades até o dia em que comecei a trabalhar. Sempre achei um milagre alguém se sair bem na função de assistente, mesmo quando sabe exatamente o que vai fazer. Barbara Ehrenreich provavelmente concordaria — ela testemunhou tantos casos de estresse, desespero e ansiedade entre profissionais que esperavam uma função e acabaram em outra (e não apenas entre os iniciantes), que se declara surpresa por alguém lutar para manter o emprego, seja ele qual for.

Os traidores da Geração Y têm toda razão em um ponto: nós fomos mimados, especialmente pelos pais que acreditam que suas crianças são especiais, perfeitas e melhores que quaisquer outras. Apesar de não ser crime amar os filhos e achar que são os melhores do mundo, nem todos os pais conseguem oferecer a eles um senso de realidade. Como muitas outras crianças, cresci ouvindo que, quando fosse adulta, poderia fazer o que quisesse desde que me esforçasse bastante. Na época em que frequentei a universidade pública, os professores e aconselhadores profissionais diziam que o simples fato de ter um diploma garantiria para mim uma carreira recompensadora — assim que me formasse.

A noção de que um diploma universitário é sinônimo de sucesso duradouro foi criada nas décadas de 1940 e 1950, quando uma pequena porcentagem da população conseguia chegar à faculdade. Era verdade naquele tempo, mas não é verdade agora, visto que muita gente tira diploma universitário e faz especializações. Mas as pessoas continuam a repetir essa máxima e, conscientemente ou não, ainda acreditam nessa ideia. Com certeza, eu acreditei. No dia da minha formatura, meus pais estavam felizes e tiraram muitas fotos minhas vestida com a beca. E, então, eu saí em busca do meu primeiro emprego.

Enquanto mandava currículos e reescrevia cartas de apresentação, eu me dei conta de que estava aturdida pelo mantra "eu-preciso-de-um-emprego", sem refletir sobre o exato significado de "realmente precisar de um emprego". Sim, eu precisava ser prática — tornara-me adulta de verdade e tinha a responsabilidade de pagar aluguel e sobreviver. Mas passei a vida inteira em uma espécie de linha de montagem: vá para o Ensino Médio, vá para a faculdade, arrume um emprego — e nunca parei para pensar se a trajetória "normal" era o que eu realmente queria ou se seguia em frente porque, supostamente, é isso o que todo mundo faz. Muitos colegas que se formaram comigo, especialmente os que sofriam maior pressão financeira, estavam tão imersos nesse turbilhão que não tinham tempo ou energia para pensar criticamente a respeito do trabalho que gostariam de realizar. Eu me arrumei para o primeiro dia no emprego como fiz para o primeiro dia na escola — escolhi uma roupa legal, coloquei o relógio para despertar e não consegui dormir porque fui consumida por pensamentos sobre como seriam as pessoas no escritório e se elas iriam me tratar bem. Eu era uma garotinha brincando de se fantasiar de mulher, imaginando-me como personagem de um filme sobre o mundo corporativo. Estava tão preparada para ter um emprego quanto para pilotar um avião.

Obviamente, assim que consegui meu primeiro trabalho, a realidade me derrubou bem depressa — a certa altura, lembro-me de ter dito a Ashley que em meu crachá deveria estar escrito "Bode expiatório profissional" no lugar do cargo. No primeiro dia, não fiz nada além de atender a telefonemas, anotar mensagens e servir café. Estava indignada: cursei quatro anos de faculdade para isso? Queria realizar tarefas que me interessassem e estivessem de acordo com minhas habilidades em vez de digitar, anotar ditados e outras atividades que me faziam sentir como uma relíquia da década de 1950. Não ajudava muito a insistência de meu chefe em se referir a mim como sua secretária. Uma vez, enquanto ele estava gritando comigo por alguma coisa que eu fizera de errado, a temida palavra — "arrogante" — escapou de sua boca rabugenta: "Você é muito arrogante".

E foi então que isso me atingiu, ou começou a me atingir. O que parece arrogância (frases como "Eu me graduei com louvor, *summa cum laude*, posso escrever o texto da próxima vez em vez de apenas enviá-lo aos jornalistas?") é apenas o efeito retardado do processo de seleção que escolheu e contratou aquele profissional entre tantos outros. Não foram somente meus empregadores que me enganaram, mas também os orientadores vocacionais, os conselheiros de carreira, os professores e até meus pais. Embora todos (exceto os empregadores) tivessem as melhores intenções quando me diziam que eu estava predestinada à grandeza profissional, eles me prepararam para o fracasso. Mesmo que a expectativa de entrar em uma redação de revista e receber a proposta imediata para escrever matérias seja obviamente irreal, também não imaginei que passaria meus primeiros anos de carreira trabalhando como a abelha operária do escritório, tentando desesperadamente conseguir assinar pelo menos uma notinha nas páginas finais da revista. Algo não estava certo. E isso era o fato de que eu não tinha a mínima ideia sobre quais eram as atribuições de um assistente ou, mais fácil, sobre o que é ter um emprego. Sentia falta do desafio intelectual da faculdade. Uma de minhas colegas disse que "desligava o cérebro" sempre que entrava no escritório. Eu percebia uma desconexão incrível e, mais que isso, considerava aquilo uma regressão.

Meu chefe via em mim um senso de pretensão, e eu não podia culpá-lo por isso. Não havia como ele saber quão anulada eu me sentia naquele trabalho, até porque não consegui lhe dizer isso. Eu me via como uma intelectual torturada cujos talentos eram cruelmente frustrados. Tudo o que meu chefe queria saber era se eu cumpria minhas tarefas — e, para ser totalmente sincera, na maioria das vezes, eu não cumpria. Meu chefe e eu vivíamos em dois mundos separados. E, como resultado, formávamos uma dupla horrível. Nossa incompatibilidade transformava em guerra a realização das tarefas mais simples. Isso não era ruim só para nós; era prejudicial à empresa.

A questão é: como viver duas realidades simultâneas? Como acreditar, ao mesmo tempo, que o ambiente empresarial é frio e cruel e que somos fantásticos e merecemos mais? O ponto mais importante é entender que ter um emprego é muito diferente de ter uma carreira. O fato de você passar os primeiros anos profissionais arrumando salas de reunião ou organizando pastas coloridas não significa que você está condenado a fazer isso para sempre. Há uma razão para a existência da expressão "pagar suas dívidas". Chegar ao topo de qualquer profissão envolve muito trabalho duro. O que você vai aprender neste livro é "pagar suas dívidas" de um modo mais esperto.

Primeiro, você precisa entender que não há nada de errado em ser um funcionário em início de carreira. Quase todo mundo precisa começar pela base da pirâmide em qualquer setor no qual deseje crescer profissionalmente. Se a sua ambição é ser mais que isso, você terá de colocar seu emprego em perspectiva. Em curto prazo, tem a opção de ligar o piloto automático durante o dia e perseguir seus interesses nas horas vagas. Se você continua nas lembranças dos dias de glória da faculdade, lembre o que fazia você realmente feliz naquela época e encontre uma maneira de manter essas atividades. Muitos dos funcionários mais satisfeitos que conheci tocavam sax em uma banda, atuavam em um grupo de teatro, treinavam a equipe de basquete da empresa ou eram voluntários em um abrigo de animais. Se você odeia seu trabalho e não quer que ele defina você, precisa envolver-se em outras atividades que preencham suas expectativas. Assim, haverá uma porção de outras coisas que poderão definir você.

Em longo prazo, você precisa realizar seu trabalho — e deve fazer isso muito, muito bem feito. Não basta apenas fazer um simples café; tem de fazer o melhor expresso que alguém já provou naquele escritório. Existe modo melhor de mostrar suas habilidades do que ser excepcional em qualquer tarefa, sem considerar o tamanho e a importância do projeto? Se você pretende que o cargo de funcionário iniciante seja o primeiro degrau de uma carreira brilhante, precisa perceber que não vai ser promovido por ficar sentado reclamando da vida e daquele emprego enfadonho. Você só conseguirá a demissão — ou até pior — a condenação ao limbo perpétuo dos iniciantes, onde a raiva e a insatisfação crescem a cada dia. Portanto, pague suas dívidas, mas pague de um modo inteligente — faça networking com as pessoas da empresa, atualize constantemente o currículo acrescentando novas habilidades, aprenda tudo o que puder sobre o setor em que está trabalhando e seja voluntário em novas tarefas para mostrar sua dedicação. Pode ser bom lembrar, especialmente para conseguir sobreviver a um dia ruim, que você tem sorte, em primeiro lugar, por estar empregado, ainda mais se passou por um longo e difícil processo de busca que acabou com suas finanças. Pensando assim você pode continuar procurando por um emprego melhor mantendo os pés no chão quando se sentir tentado a jogar tudo para o alto e ir embora sem olhar para trás.

Não existe lei que diga que você não pode, ao mesmo tempo, odiar seu emprego e, ainda assim, realizar o melhor que puder naquela empresa: de fato, é bem mais fácil ser ambicioso quando se tem um trabalho para bancar as próprias aspirações. Portanto, arrume a mesa, prepare o melhor expresso (dois — um para o chefe e outro para você) e faça sua parte para eliminar para sempre a palavra "pretensioso" de sua carreira.

Capítulo 1

O dia a dia de um funcionário

"Pensei ter visto uma luz no fim do túnel, mas era só um filho da mãe com uma tocha na mão me trazendo mais trabalho."

—David Brent
personagem criado e protagonizado por Ricky Gervais na série *The Office*, da BBC

Tudo começa com uma mesa. Ela poderá não ser muito grande, nem muito bonita — na verdade, provavelmente fará parte de um cubículo, típico à maioria das empresas. Mas você logo irá perceber — talvez na primeira vez que tiver de parar de chorar no banheiro porque ouviu alguém entrar ou quando seu chefe for gritando atrás de você até o meio do salão — que aquela mesa é o único item do escritório que realmente lhe pertence, o único lugar onde você estará minimamente seguro.

As mesas são familiares; não lembram a faculdade? Era tão bom aquele tempo. Dormir até as onze em vez de até o meio-dia significava que você era um batalhador; escrever ensaios sobre as dificuldades da adolescência era uma habilidade valorizada; e ninguém se importava com quando você ia trabalhar no seu trabalho de conclusão de curso desde que entregasse no prazo. Agora que a faculdade acabou, está na hora de encontrar um emprego. Esse é o processo natural, certo? Quer dizer, isso é o que todo mundo faz — e aqueles créditos estudantis certamente não irão se liquidar sozinhos.

Sendo assim, agora você vai conseguir um emprego. Acontece que ninguém nas entrevistas se importa com sua média final na faculdade tampouco com suas atividades extracurriculares. Ninguém se importa se você foi um superatleta das quadras ou se presidiu o Centro Acadêmico. De repente, as únicas habilidades que parecem importar é se você é capaz de fazer uma boa xícara de café ou se consegue manter quatro telefonemas em espera simultaneamente. E aí?

De início, quando lhe ofereceram aquele vago emprego, você ficou todo satisfeito: "Uau! Eles me contrataram, eles me escolheram!" e saiu zonzo por aí, comprando canetas novas e tentando descobrir se aquele paletó preto o deixava com um visual profissional e inteligente ou com cara de tenso e aborrecido. Afinal, foi preciso enviar centenas de currículos e cartas de apresentação para conseguir algumas entrevistas e, finalmente, uma delas se tornou uma ocupação remunerada. Tudo em que pensava era no dinheiro que ia ganhar e no que iria fazer com ele: pagar a dívida do cartão de crédito ou quitar o empréstimo tomado para fazer a faculdade... ou talvez comprar aquele par de sapatos que você andou namorando ou o Wii que ia pedir de presente de Natal a seus pais. Você está no topo do mundo; o que pode arrancar você de lá?

Eu respondo: a realidade do trabalho.

Você perceberá bem depressa que há muita diferença entre os empregos retratados na mídia ou pelos conselheiros de carreira e o cotidiano verdadeiro da maioria deles. É normal sentir-se deprimido, abatido e um pouco infeliz quando se começa em um emprego — especialmente se for o primeiro. Já reparou como na série de televisão *The Office* (pelo menos na versão norte-americana*), apesar de eles estarem no escritório durante todo o tempo, a maioria dos diálogos refere-se à interação entre os personagens e não ao que estão efetivamente fazendo no trabalho? É chato ver gente diante do computador montando apresentações em PowerPoint ou arquivando coisas por cinco horas: nenhuma série de tevê trataria desse assunto. O fato é o seguinte: é bem engraçado assistir Dwight Schrute na televisão, mas é bem chato trabalhar com ele na vida real.

Você também pode achar que um emprego é parecido com um estágio. Hoje em dia, eu considero os estágios um pouco melhores que o trabalho remunerado. Você pode não estar sendo pago, mas, justamente por causa disso, não sofre a mesma pressão, não tem prazos rigorosos nem medo de ser demitido e ficar sem salário. Apesar de os estágios nos serem úteis para aprendermos sobre um setor e poderem até nos dar uma ideia sobre como os escritórios realmente funcionam, passar quatro horas por dia com um grupo seleto de funcionários da empresa não revela muito sobre o que é um verdadeiro emprego das oito da manhã às seis da tarde.

A maioria dos estagiários, por não ser paga ou por ser temporária, é mantida longe das reuniões, das finanças e de qualquer outra tarefa que exija mais responsabilidade — não porque não tenham qualificação, mas porque nenhuma companhia delega atividades críticas para alguém que não seja funcionário contratado em tempo integral. Para ser sincera, a melhor maneira de aprender como é ser funcionário é arrumando o primeiro emprego. Lembra a primeira vez que você fez sexo? O emprego é parecido: você romantiza, fantasia, está convencido que assim que fizer aquilo vai

* A versão norte-americana da série *The Office* é a também exibida no Brasil no canal por assinatura FX. (N.T.)

se sentir diferente, glamouroso e importante e, então... puf! Mas, felizmente, sua carreira, assim como sua vida sexual, vai melhorar. É uma questão de prática.

O primeiro ponto que você precisa entender é a diferença entre um emprego e uma carreira. O emprego é aquilo que você faz para ganhar algum dinheiro e pagar as suas contas. Uma carreira é toda a trajetória profissional da sua vida. Você deve manter o foco mais na carreira que no emprego. Não pode entrar no primeiro trabalho e achar que vai ser o ideal — sua carreira vai ser construída ao longo da vida. Se seu ideal é ser editor de uma revista, seu primeiro emprego provavelmente vai ser de assistente, o que significa que você está lá mais para atender ao telefone do chefe que para tirar fotos de celebridades ou criar as manchetes inteligentes da capa. Não fique chateado com o fato de não se transformar imediatamente de um ambicioso estudante universitário em editor-chefe da Veja. É que isso simplesmente não acontece. A maneira de superar os dias mais sinistros de um emprego do qual você não gosta é acreditar que aquela chateação, de alguma forma, está levando você para mais perto da carreira que deseja. O aprendizado pode ser pequeno, como uma habilidade que será útil quando você estiver no alto da pirâmide ou talvez algo como trabalhar na empresa dos seus sonhos em uma posição administrativa em vez de ser um executivo. O resultado, porém, é que todo emprego agora será vital para a construção da carreira que você quer ter um dia. Mas não ache que isso está garantido. Neste capítulo, vamos conversar um pouco sobre como você pode dar o seu melhor mesmo no emprego mais horroroso — afinal de contas, se você odeia o emprego que tem hoje, deve estar preparado para encontrar a melhor posição possível no futuro.

A escritora Barbara Kingsolver tratou da questão emprego *versus* carreira, assim como do estado de depressão causado em graduados em Artes, quando ouvem que sua formação ou sua área de estudo "não tem valor" e, além disso, precisam "crescer" e pensar mais em dinheiro. Em 2008, em sua palestra inaugural na Universidade Duke, ela disse:[1]

> *Disseminadas por nossa cultura, respiradas como oxigênio, nós tomamos essas ideias como se fossem evidentes: você tem aquilo pelo que é capaz de pagar. O sucesso é tudo. O trabalho é o que você faz para ganhar dinheiro e isso é o que importa. Como poderia ser de outra forma? E o inverso da última regra, com certeza, é: se você não é pago para fazer algo, então, isso não é importante. Quando uma criança escreve um poema e o lê toda orgulhosa, os adultos dão uma piscada e perguntam: "Você acha que tem muito dinheiro nisso?". Você também pode ouvir essa frase quando anuncia que se formou em Literatura ou diz que é um bom vizinho ou que gosta de educar crianças: a trajetória para o "sucesso" não é pavimentada com esse tipo de prazer.*

Em outras palavras, ser um funcionário não é apenas ser um funcionário. Trata-se de algo para você se manter autossuficiente do ponto de vista financeiro e se sustentar enquanto vive seu próprio sonho — ser promovido para uma posição que lhe pagará muito mais; trabalhar em um projeto artístico, como ter uma banda ou escrever um grande romance; ou simplesmente nunca mais precisar pedir dinheiro a seus pais. Por isso, em última instância, é um projeto perigoso deixar que o emprego seja a única coisa que define você. Não importa que seja um hobby, um serviço voluntário, uma atividade comunitária, a criação de uma família ou a realização de qualquer outro projeto, mas você precisa ter uma vida saudável fora do trabalho. Caso contrário, nunca terá uma vida profissional saudável.

Seu emprego talvez seja massacrante — provavelmente é. Sendo assim, seguem alguns pontos que você deve começar a colocar em prática agora para se safar.

A PLAYLIST DO ASSISTENTE NAS TRINCHEIRAS

Programe o seu iPod com essas músicas — vai ser ótimo ouvi-las na volta para casa depois de um dia realmente brutal de trabalho.

Johnny Paycheck — *Take this job and shove it* [Enfie esse emprego no...]

(Autoexplicativo, não?)

Dolly Parton — *9 to 5* [Das 9 às 5]

(Por razões óbvias)

They Might Be Giants — *Minimum Wage* [Salário mínimo]

(Se você nunca ouviu essa música antes, basicamente, é alguém gritando "salário mínimo" e, então, o som de um chicote estalando e depois um pouco de música. É, na verdade, uma obra conceitual)

Donna Summer — *She works hard for the money* [Ela trabalha duro pelo dinheiro]

(Falando sério, você também)

R.E.M. — *Exhuming McCarthy* [A exumação de McCarthy]

(Tira um sarro daqueles tipos engravatados e pegajosos das empresas — parecidos com alguns que trabalham com você. Além disso, o ritmo é muito legal!)

The Bangles — *Manic Monday* [Segundas frenéticas]

(Se toda a tediosa rotina de se arrumar para o trabalho fosse escrita pelo Prince e cantada por Susanna Hoffs, tudo seria mais interessante. E ainda teria rimas.)

Loverboy — *Working for the weekend* [Trabalhando pelos finais de semana]

(Recomendo tocar essa somente às sextas à tarde, quando você estiver escapando um pouco mais cedo do trabalho. Se não, vai fazer você lembrar justamente quantas horas e minutos ainda faltam para o final de semana começar.)

The Boomtown Rats — *I don't like Mondays* [Eu não gosto das segundas-feiras]

(Bem, essa música baseia-se na história real de uma adolescente que atirou em algumas pessoas e, quando lhe perguntaram o motivo, ela respondeu: "Eu não gosto das segundas-feiras". Honestamente, quem já não se sentiu assim ao chegar ao trabalho na segunda-feira para começar mais uma semana? Há uma versão de Tori Amos, caso você prefira ouvir o show de horror do seu trabalho em uma levada mais lenta e sombria.)

Bob Dylan — *Maggie's Farm* [A fazenda de Maggie]

(Ele não quer mais trabalhar na fazenda de Maggie e você não quer ferir a sensibilidade do seu chefe. Quando se sentir mais enfático, ouça a raivosa versão do Rage Against the Machine.)

Belle and Sebastian — *Step into my office, baby* [Entre no meu escritório, baby]

(Mas só se o seu chefe for legal ou atraente.)

George Michael — *Freedom* [Liberdade]

(Já teve vontade de pôr fogo no escritório enquanto se diverte com supermodelos? Bom, então, essa é a sua música.)

Public Enemy — *Fight the power* [Lutando contra o poder]

(Caso você não tenha entendido, seu chefe é o poder e você luta contra ele.)

John Lennon — *Working class hero* [Herói da classe operária]

(Se você ainda acredita, bem lá no fundo, que seu trabalho tem algo de nobre ou algo desse gênero, procure ajuda.)

Aprenda o nome de todo mundo — e, mais importante, o que exatamente cada pessoa faz na empresa

Você sobreviverá na empresa apenas se conseguir aliados no escritório. Podem ser outros funcionários mais experientes, mas você deve incluir gente de outros departamentos ou profissionais terceirizados, clientes, pessoas que tenham contatos na empresa, mas que, de fato, não trabalhem lá. Trate de conhecer o maior número de pessoas o mais depressa possível. Para ajudar, faça um mapa do escritório, marcando o nome de cada um no lugar em que sentam.

Aprender os nomes é o primeiro passo, mas saber o que as pessoas fazem é um segundo passo muito mais crítico. Não estou falando para você memorizar os cargos, estou dizendo para aprender exatamente por quais projetos e tarefas cada um é responsável e por quais competências cada pessoa é reconhecida no escritório. Por exemplo, saber quem é o encarregado pela folha de pagamento e pelos benefícios do plano de saúde é superimportante. Se você fizer amizade com essa gente, é provável que eles garantam que seu pagamento saia sempre em dia.

Como você logo vai entender, ser um funcionário significa pensar constantemente em você mesmo e lidar com todo tipo de situação estranha. Por exemplo, seu chefe começa a gritar para que você faça reservas para o almoço em um restaurante agradável. Mas, como você se mudou para a cidade há apenas três semanas, é incapaz de lembrar o nome de um restaurante. Acontece que sua vida depende disso, e você precisa encontrar — o mais depressa possível — um funcionário que seja nascido e criado na cidade para dar sugestões de restaurantes que combinem com o paladar e a localização preferida do seu chefe. Quando a impressora entra em pane e começa a fazer uns barulhos esquisitos, bem na hora em que você está terminando as cópias que seu chefe precisa levar para uma reunião importantíssima à tarde, é vital conhecer um funcionário que tenha o dom de descobrir qual botão mágico apertar para acalmar a máquina e fazê-la retornar ao normal. Caso contrário, terá de correr até a papelaria mais próxima ao escritório, torcendo para que lá ofereçam serviço de fotocópias — quem precisa disso?

Vamos conversar com mais detalhes sobre colegas de trabalho — do bem e do mal — no capítulo 3. Antes disso, você ainda precisará conseguir sobreviver por algumas semanas.

Aprenda tudo o que puder sobre a empresa e sobre seu novo chefe

Faça uma busca completa no Google e informe-se ao máximo sobre a história da companhia, seus fundadores, faturamento e tudo o mais. Você também deve procurar dados valiosos sobre escândalos do passado e processos judiciais. Nunca se sabe quando esse tipo de informação pode ser útil; por isso, saiba tudo o que puder sobre o que está acontecendo em outras áreas da empresa. Desse modo, se eles estão com problemas financeiros ou se alguém foi misteriosamente demitido, você pode ter uma ideia sobre o que aconteceu — no mínimo, não vai ficar chocado quando a situação afetar você ou sua carga de trabalho. Mais que isso: é inteligente saber coisas sobre quem fundou a companhia, se eles continuam no mesmo setor ou cresceram e inovaram e quais são as maiores e mais notáveis conquistas daquele negócio. Trata-se de uma pesquisa esperta. Você não quer estar em uma reunião e deixar escapar o fato de nunca ter ouvido falar da mais famosa invenção da empresa, certo?

Eu também sugiro que faça uma busca na internet sobre seu novo chefe, assim como sobre a pessoa que ocupava o seu lugar (você sabe o nome dela; provavelmente, ainda está em toda correspondência que é entregue em sua mesa). Claro, isso é bisbilhotar, portanto, faça essas buscas no computador da sua casa. Mas não vai fazer mal a ninguém se você descobrir que o ex-funcionário está trabalhando em uma posição melhor no mesmo setor ou se ele teve uma estafa e se mudou para uma ilha bem distante. Falando nisso...

Não caia na armadilha de ser comparado ao seu predecessor em qualquer tarefa ou circunstância

Independentemente de quem for a pessoa que você substituiu, você não quer ter seu desempenho comparado ao dela. No primeiro dia de trabalho, caso alguém tente apresentar você como "a nova Emily", discreta e cuidadosamente, suba no salto: tente dar um sorriso e diga "Mas eu atendo por [seu nome]". Não é nada bom ser visto como o Predecessor 2.0. Se Emily era o "pó de pirlimpimpim" do chefe, ele vai estranhar você — não importa seu bom desempenho — pela audácia de não ser a outra. Mas, se Emily era uma reclamona que foi demitida porque falou palavrões em uma reunião com os conselheiros de administração, você deve fazer de tudo para desmanchar qualquer ligação com o nome dela — e rapidamente.

Aprenda suas siglas!

INSS significa Instituto Nacional do Seguro Social, ou seja, existem leis, normas e resoluções para garantir seus direitos à saúde e aposentadoria. Você pode conhecer a legislação entrando no site <www.mpas.gov.br/index.php>. Pode ser também que a empresa em que você começou a trabalhar tenha algum tipo de plano de previdência privada — individual ou em grupo. Posso apostar que você vai assinar a papelada que lhe mandarem sem se dar ao trabalho de ler ou fazer opções melhores (eu fiz isso). Não é má ideia conhecer as leis previdenciárias e trabalhistas, consultando também o site do Ministério do Trabalho e Emprego no seguinte endereço:

<portal.mte.gov.br/portal-mte/>. Certamente, não vai ser tão divertido quanto ler o blog do seu amigo, mas vai lhe dar informações muito úteis para a segurança de sua carreira.

Seja completamente dedicado, pelo menos, por um tempo

Você não pode começar em um novo trabalho e já ser preguiçoso, mesmo que futuramente você venha a se tornar um. Nas primeiras semanas, caminhe na tênue linha que separa o funcionário supercompetente do funcionário superchato. Por exemplo: tenha disposição para ficar até mais tarde para consertar algo que tenha feito errado durante o dia, mas não falte ao almoço de todos os funcionários. Só assim você vai se sentir bem em relação a você mesmo e não vai ferir suscetibilidades por passar o almoço trabalhando. Aprenda o mais depressa possível a parte mecânica do seu trabalho — imprimir, recortar e colar documentos; usar o sistema de arquivamento escalafobético do seu chefe; ou destacar com cor as linhas e colunas no Excel. Assim que souber bem depressa fazer isso vai poder mudar para uma atividade mais interessante (assim espero!).

Encontre uma maneira de fazer conexão com as pessoas, especialmente aquelas úteis ou mais importantes

Nunca se sabe o que as pessoas vão lembrar a seu respeito. O melhor modo de ter certeza de que vai ser lembrado pelo nome, em vez de "Aquele Tal Funcionário", é encontrar um jeito pessoal de fazer contatos. Talvez você encontre gente da mesma faculdade ou da mesma cidade natal — é sempre um modo fácil de criar um vínculo rapidamente. Mas com outras pessoas talvez seja necessário prestar mais atenção. Quem sabe você faz um elogio (mas só aja assim se realmente gostar da peça de roupa, corte de cabelo ou livro que viu a pessoa lendo no metrô — não espalhe trivialidades para não parecer um puxa-saco) e, em seguida, tenta começar uma conversa com a pessoa. Por exemplo, se você disser: "Seu casaco é bem legal" e a pessoa responder com: "Ah, obrigado, eu comprei na loja tal", você pode ir adiante, falando sobre suas lojas on-line preferidas. Minha amiga Shannon começou em uma ONG e logo percebeu que nas manhãs de terça-feira o pessoal se dedicava a comentar o episódio da série *Lost*, que era transmitido na noite anterior. Então, ela pegou em DVD as temporadas anteriores, atualizou-se e se tornou capaz de participar das conversas do grupo pelo chat interno. No fim, ela ficou mais ligada na série que muitos de seus colegas, porém, mais importante, não ficou de fora das interações sociais. E foi apenas uma série de televisão, nem foi preciso observar e conhecer o guarda-roupa inteiro de ninguém.

Conheça a descrição de seu cargo o mais profundamente possível

Parece básico — você é contratado para um emprego e então faz o devido trabalho, certo? Errado. Não há nada que as empresas gostem mais que contratar alguém para uma posição e depois mudar completamente a descrição do cargo assim que a pessoa põe os pés no escritório. Veja a seguinte história:

> *Meu primeiro emprego foi como recepcionista em uma pequena empresa. Todos pareciam simpáticos e receptivos por lá. Eu nem podia acreditar que o cargo ficara vago por tanto tempo. Mas, quando eu comecei a trabalhar, percebi por que a posição ficara em aberto — eles "esqueceram" de me dizer que, além de ser recepcionista, eu iria atuar também como assistente. Eu prestava assistência a um cara que fora rebaixado e, como punição, ele passara a contar com uma assistente em meio período. Sua*

resposta ao rebaixamento foi fingir que nada havia acontecido, então ele agia como se eu fosse sua assistente em tempo integral, mesmo quando eu estava cheia de coisas para fazer como recepcionista. Eu podia estar no meio de uma porção de tarefas e ele me chamava em sua sala gritando tão alto que até o carteiro podia ouvir — aliás, o carteiro chegou a me dizer que sentia muito pelo que estava acontecendo comigo. Quando finalmente saí, tentei — tão educadamente quanto possível — sugerir na entrevista de saída que eles "esclarecessem a descrição do cargo no próximo processo de seleção".

—Júlia, Nova York

Faça perguntas e observe os outros funcionários: é normal que os demais realizem tarefas pessoais para o chefe ou você é o único que tem de ir buscar os filhos dele na escola? Na companhia, os outros fazem horas extras remuneradas nos finais de semana ou só você trabalha fora do horário sem receber nada a mais? A real descrição do trabalho pode ser muito diferente daquilo que lhe foi dito no processo de seleção, portanto, tente saber bem em que está entrando. Ou, quando decidir se defender, tenha absoluta certeza de qual é o padrão de trabalho dos funcionários na empresa. Dizer: "Nenhum dos funcionários é chamado para fazer trabalho doméstico na casa dos chefes nos finais de semana e você não tem o direito de fazer isso comigo" só vai funcionar se você tiver plena certeza daquela parte "nenhum dos outros funcionários faz isso".

E, finalmente... aprimore-se sobre as regras de trabalho da empresa

Pode parecer extremo, mas eu sugiro que você anote tudo o que lhe pedirem para fazer que pareça estranho ou pouco usual. Pode ser qualquer coisa; desde picotar documentos e acessar informações confidenciais até espionar aquele colega suspeito de estar fazendo algo contra a política da empresa. Se você conhece um advogado ou outra pessoa qualificada, verifique se essas tarefas são legais. Cabe a você decidir que atitude tomar, caso estejam pedindo que faça algo ilegal ou antiético. Muitos dos funcionários que escrevem para nosso site dizem saber que estão fazendo coisas ilegais ou com as quais não se sentem confortáveis, mas não estão em condições de deixar o emprego; não têm segurança financeira para pedir demissão ou talvez aquele emprego seja a única porta de entrada possível em um setor muito competitivo, como o de moda ou o bancário. Seja qual for seu motivo para querer manter o emprego, continue a tomar nota de pedidos estranhos.

DICA QUE VALE OURO: O EMPREGO DOIS-EM-UM

Acontece quando duas posições (em geral, administrativas) são combinadas em um emprego chato, mal remunerado e ruim-para-qualquer-um. Os exemplos mais comuns são escriturário/assistente e recepcionista/assistente. Quase sempre, o emprego dois-em-um é criado por alguém encarregado de economizar dinheiro para a empresa e que acha que administrar cargos é "fácil". Invariavelmente, o criador do dois-em-um é recompensado por sua inovação, enquanto o novo empregado está enlouquecido encomendando almoço para todos no escritório, descobrindo por que a folha de pagamento atrasou no mês passado e atualizando a agenda de contatos do chefe — tudo ao mesmo tempo.

O site de fofocas *Gawker*, com sede em Nova York, relatou uma história de horror a respeito do "Diabo-Veste-Prada" em pessoa, Anna Wintour.[2] Aparentemente, ela insistiu para que uma de suas assistentes na *Vogue* cortasse sua longa trança de Rapunzel na altura dos ombros. A garota obedeceu sem questionar. Essa história é humilhante? Sim. Ilegal? Duvidoso. O estilo do cabelo é relevante para o desempenho da funcionário? Dificilmente. Mas o resultado é que ela cortou os cabelos. Não pediu demissão, não disse "não" nem foi se queixar ao RH — em vez disso, foi ao cabeleireiro e mudou o corte de cabelo imediatamente. Por quê? Bem, ter um trabalho maluco e ultraexigente pode causar estranhas emoções nas pessoas, inclusive, derrubar sua autoestima e fazê-las se sentirem presas e sujeitas aos desmandos narcísicos de um chefe impertinente. Ou é possível apenas que a funcionária tivesse medo de perder o emprego se não cortasse os cabelos. Quem sabe? Esse tipo de história é mais comum do que parece. Os leitores do nosso site contam que realizam tarefas muito além das obrigações de um funcionário: controlam a "tabelinha" das chefes (e vão comprar remédios por baixo dos panos em caso de doenças sexualmente transmissíveis); mentem para as esposas dos chefes — e para as amantes; cuidam dos filhos e vão buscar o anel de noivado na joalheria.

Organize-se pessoalmente agora mesmo

É triste, mas é verdade. Quando você entra no ritmo do trabalho (basicamente, quando não consegue mais dizer "sou novo aqui" como desculpa permanente para escapar das tarefas), não consegue mais ter tanto tempo para si mesmo como gostaria. É da natureza do trabalho de funcionário: em geral, você passa o dia dando voltas pelo escritório, gastando o carpete entre a sala do chefe e seu cubículo, indo para a máquina copiadora, o refeitório e a sua mesa. Caso queira dependurar algumas fotos pessoais, faça isso agora, ou as paredes do seu cubículo vão ficar peladas para sempre. Se você decorar o seu canto durante a primeira semana, vai parecer que você está se instalando. Mas, se fizer isso depois, vai parecer que você está bobeando e gastando tempo à toa. Ter objetos pessoais e significativos em seu espaço de trabalho vai ajudar a lembrar o que é realmente importante, evitando que você fique muito estressado. Entretanto, não deixe o cubículo muito pessoal: lá não é o seu quarto. Algumas fotos legais (mas nenhuma muito íntima), algumas lembranças (tíquetes de shows ou de filmes são legais) ou plantas e flores são apropriados. E aquela sua coleção de bonequinhos? Eu deixei a minha em casa.

DICA QUE VALE OURO: A PRIMEIRA-DAMA

Vamos supor que seu chefe seja um tonto. E vamos dizer que, além disso, seu chefe também tenha uma esposa chamada Donna. Invariavelmente, embora você seja pago para trabalhar duro apenas para o chefe, vai se tornar também o servo pessoal da primeira-dama — mesmo que não queira. Isso significa que, além das tarefas relacionadas a suas obrigações profissionais, terá de marcar o dermatologista para Donna, lembrá-la de pagar a babá, ensinar como verificar a caixa postal do celular e renovar a assinatura da revista feminina predileta dela — porque Donna acha todas essas pequenas coisas "terrivelmente confusas".

Caso você tenha um sistema particular de organização, implemente-o o mais depressa possível. Quanto mais infraestrutura você tiver à disposição, melhor, porque vai ser muito útil quando o trabalho começar a acumular. Analise os materiais de escritório que você pode usar. Utilize desde pastas até post-its. No meu emprego de assistente, eu tinha um minidepósito escondido sob a mesa. Como ficava horas presa ali porque tinha de atender ao telefone, aprendi rapidamente a ter grampos, clipes, envelopes e canetas extras para poupar as pernas. Você pode se reabastecer nas horas vagas, mas sempre mantenha a sua "lojinha" de material de escritório bem suprida.

Além disso, existem produtos pessoais essenciais — basicamente, tudo o que você sempre tem na mochila, na bolsa ou no porta-luvas do carro — que você não pode conseguir no escritório. Os funcionários mais populares têm sempre "doses extras" de creme hidratante para as mãos, álcool gel, chiclete, pastilhas para a garganta, elásticos para os cabelos, um carregador para o celular, absorventes, uma caixinha de costura, solução para lentes de contato, escova e pasta de dentes e um vidro de perfume. Afinal, você passa (pelo menos) quarenta horas por semana no escritório — ali é realmente a sua casa fora de casa e você nunca sabe de qual produto pessoal irá precisar. E, como fica preso na sua mesa ou não pode sair do escritório por longas horas, não será ruim contar com esses itens básicos para você ou outros funcionários. Eu até mantinha algumas peças de roupa no trabalho — um suéter bonito para vestir se acabasse indo direto para a *happy hour*, além de mais uma malha que eu pudesse usar na aula de ioga, quando esquecia minha sacola. Depois de uma semana em meu primeiro emprego, sabia qual funcionário poderia me arranjar uns doces quando me sentisse com pouca energia ou quem tinha lixa de unhas para uma emergência. Claro, eu retribuía o favor e ficava contente em deixar os outros usarem um dos cinco tipos de bálsamo para os lábios que sempre tinha na gaveta.

Assim que chegar, faça uma "lista para a babá"

É a relação das pessoas importantes no escritório e na vida de seu chefe, o equivalente daquela lista de emergência que os pais deixam pendurada na porta da geladeira quando contratam uma babá para os filhos. Não faltam os telefones do pediatra e dos avós; mas no escritório você pode fazer algo mais formal. Inclua todas as coordenadas para encontrar as pessoas com quem você fala bastante no trabalho ou com quem seu chefe se comunica com frequência, além do telefone da casa do chefe, os contatos dos familiares dele, o número da casa de campo e também dos colegas, parceiros de negócios e/ou clientes. Claro, você deve usar algum tipo de programa no computador para ajudar a organizar toneladas de dados on-line. A "lista da babá" deve conter apenas os telefones e as informações essenciais, mas se for preciso incluir algo desagradável como o número do agiota ou da amante, cuide para anotá-los sob um pseudônimo inócuo. Em tempo: provavelmente, logo você vai saber todos esses dados de cor (história real: eu ainda sei o telefone de casa e o celular do meu chefe que tive há cinco anos), mas o temporário que substituirá você quando tirar férias será eternamente grato por aquela folhinha de papel barato.

Se você é assistente júnior, torne-se o melhor amigo do assistente sênior

No filme *O Diabo veste Prada*, Anne Hathaway é contratada para ser a assistente júnior daquela chefe terrível. Imediatamente, ela aprende a se virar com o personagem de Emily Blunt, mais conhecida como assistente sênior. Caso você seja o segundo assistente de alguém, o

DICA QUE VALE OURO: A VIROSE DE ESCRITÓRIO

É aquele mal-estar que você começa a sentir quando entra em um novo emprego e tem de adaptar o próprio corpo aos germes que habitam aquele escritório. Também pode ser definido como o fenômeno que ocorre quando alguém do escritório fica doente, mas insiste em ir trabalhar de qualquer jeito para: a) parecer um mártir e b) poupar esses dias de doença para, digamos, depois ir viajar — essa é a peste profissional que acaba contaminando todo mundo no escritório.

sênior é a primeira pessoa do escritório de quem você deve se tornar amigo para sempre. É que o assistente sênior já trabalha para aquela pessoa e vai ser de grande ajuda em tudo, desde as manias do chefe até o protocolo oficial das reuniões. Infelizmente, a maioria dos assistentes seniores entra em um delírio de poder por ter em quem mandar (que pode ser você). Seja agradável e prestativo — mas não um capacho. Existe uma diferença: você é o segundo assistente do chefe e não o primeiro do assistente sênior.

Vou contar uma das mais horripilantes histórias de assistente júnior que eu já ouvi. Caso algo desse tipo esteja acontecendo com você, pense muito seriamente em outras opções. Ou simplesmente peça demissão e vá para casa. Você é quem decide.

Eu devia saber que as coisas iam dar muito errado quando, no meu primeiro dia de trabalho, minha chefe saiu me apresentando pelo escritório, dizendo que eu era sua segunda assistente. Não tenho nenhum problema em trabalhar como assistente júnior para um profissional muito ocupado/importante, mas acontece que ***ela não tinha uma assistente sênior****. Quando perguntei sobre isso, ela me disse que eu não estava qualificada para aquele emprego — apesar da minha experiência anterior e de ter me formado em uma universidade de primeira linha. Era o jeito dela para desmerecer qualquer pessoa que ocupasse aquela cadeira do lado de fora de sua sala. Esse sentimento foi reforçado com o seguinte comentário: "Eu só contratei você para ter calor humano do lado de fora da minha sala".*

Depois de meses de abuso verbal, que incluía insultar minha inteligência, aparência, personalidade e ideias, eu estava reduzida a uma pilha de nervos em constante tremor; vomitava todas as manhãs e comecei a fumar na hora do almoço (eu nunca havia fumado antes desse emprego). O ápice ocorreu no Natal, quando ela anunciou que daria presentes para todas as pessoas da equipe. Ela nos colocou em fila na sala de reuniões e fez cada um abrir o presente que disse ter escolhido pessoalmente na frente de todo mundo. Você ficava sabendo a opinião dela sobre seu desempenho pelo preço e pela qualidade do "mimo". Tinha gente que ganhava roupas de grife e outros que recebiam qualquer coisa que ela tivesse encontrado no fundo do armário. Quando chegou finalmente minha vez, eu abri o presente — um nécessaire *bonito cheio de cosméticos caros. Fiquei superfeliz porque achei que ela estava me recompensando pelo trabalho duro e pela tolerância com seu abuso. Eu agradeci entusiasmada pelo presente legal e, como as vítimas de sequestro que sofrem da Síndrome de Estocolmo, estava pronta para perdoar seu comportamento irascível. Assim que saímos da sala de reuniões, uma colega veio me informar que a chefe havia contado para todo mundo que meu presente era uma amostra grátis que ela ganhara quando comprou uma linha de cosméticos sofisticados para a filha dela. Na avaliação da minha chefe, eu não merecia nem um presente comprado, e ela fez questão que todos no escritório ficassem sabendo disso.*

Logo depois, eu saí daquele emprego, mas fiquei sabendo que vieram muitas outras pessoas para o meu lugar depois, porque ninguém era bom o bastante para ser sua primeira, segunda ou terceira assistente.

—Jessica, Nova York

Faça um orçamento

Logo você vai perceber que seu salário bruto é bem diferente da quantia de dinheiro que você leva para casa no final do mês. Posso dizer por experiência pessoal que é tremendamente desencorajador olhar para o primeiro holerite e ver que é bem menor que o esperado. Isso graças àquela fantástica realidade: "Agora você é adulto e tem de pagar impostos".

Portanto, está na hora de dissecar alguns números. Certo, eu sei, se você não é da área de Ciências Exatas, achou que nunca ia precisar de uma calculadora. Mas você vai ter de fazer uns exercícios matemáticos da vida real. Agora que já sabe quanto terá realmente nas mãos por mês, poderá definir quanto gastará em aluguel, comida e outras despesas. Ah, e se você ainda não tem um fundo de investimentos ou uma poupança, faça um. No meu tempo de funcionário, eu investia cada centavo e chamava meu fundo de "faça bom proveito desse emprego". Mesmo que você esteja satisfeito e seguro com seu trabalho, é sempre bom contar com um dinheirinho extra reservado. Se vai usar a grana para tirar umas merecidas férias ou guardar para o caso de ser demitido, isso é decisão sua. Caso a matemática não seja mesmo o seu forte, talvez valha a pena baixar um software de finanças pessoais ou cadastrar-se em um serviço de organização financeira.

Descubra seu poder se for possível ter algum

Mesmo que seu chefe ou gestor sempre lhe passe projetos chatos ou fique constantemente fungando no seu pescoço por causa de prazos, ainda assim você terá de sorrir e ser do tipo "Eu adoraria ajudar!". É uma droga, eu sei, mas é fato. Se seu escritório fosse o McDonald's, você seria o caixa e seu chefe, o cliente — em outras palavras, ele está sempre certo até quando está errado. Portanto, como você pode lidar com a enorme sobrecarga de trabalho que despejam na sua cabeça e com aqueles comentários irônicos e arrogantes? Não estou dizendo para você se jogar em todas as tarefas

DICA QUE VALE OURO: A MOTIVAÇÃO

Essa é uma palavra que só se usa quando não existe. Se um recrutador de RH disser a você em uma entrevista que naquela empresa "a motivação é alta", em geral, isso significa exatamente o oposto. Qualquer companhia que promova, patrocine ou organize eventos tendo "a motivação" ou "aumentar a motivação" como justificativa tem grande chance de estar fazendo isso porque todos os funcionários andam se sentindo péssimos. Ninguém faz eventos para aumentar a motivação dos empregados — eles simplesmente fazem festas. Em seu livro ultrassarcástico sobre o moderno ambiente corporativo, *Personal days* [Dias de folga], Ed Park escreve:[3] "A motivação anda baixa desde que as demissões começaram no ano passado. Pru diz que motivação é uma palavra dita por aí só quando está em falta. Você nunca olha para uma garota bonita e diz: 'Olha que linda jovem!'; 'jovem' é uma palavra que você usa para descrever sua tia-avó: 'Ela já não é mais tão jovem.'"

horríveis para sobreviver, mas — acredite — o carma do trabalho sempre aparece mais cedo ou mais tarde.

Existe algo útil em ser funcionário — você tem acesso quase total à vida do chefe, seja homem ou mulher. Se você é um assistente pessoal, é bem provável que saiba a senha do chefe no sistema, o número do CPF, informações sobre os cartões de crédito, o acesso ao e-mail — e muito mais. Em suma, você é uma extensão descontente e mal remunerada do seu chefe. Embora isso signifique que você é tratado como invisível, pode haver algumas vantagens. Você nunca deve fazer ameaças nem deixar o chefe alerta para o fato de que sabe da amante dele — a chantagem é ilegal e você é melhor que isso. Mas ele sabe que você sabe. A seguir, um exemplo de como dar o troco em uma situação difícil no emprego apenas por descobrir alguns pendores do chefe:

> *Sou editora júnior em um jornal. Meu amigo e eu somos os focas* mais novos da redação e, por causa disso, sempre nos escalam para trabalhar nos projetos estúpidos do editor "X". Ele é um idiota, o tipo de otário que se torna chefe em uma redação. Por algum motivo inexplicado, todo mundo continua a achar que ele é importante, mas também todo mundo evita trabalhar com ele porque seus projetos dão sempre muito trabalho e ninguém lê. Uma vez, depois de fazer meu amigo e eu virarmos a noite trabalhando praticamente sozinhos em uma história, ele teve a audácia de dizer ao editor-chefe que nós dois somos preguiçosos.*
>
> *Demorou um tempo, mas finalmente meu amigo e eu tivemos nossa chance. Uma noite, estávamos de novo até tarde na redação, trabalhando em mais um projeto do editor "X". De repente, meu amigo entrou na sala dele para mostrar uns textos e flagrou o cara (um devotado pai de família) vendo pornografia no computador! Meu amigo nunca disse nada, mas "X" definitivamente sabia que ele vira o site. Dali em diante, meu amigo e eu nunca mais fomos escalados para trabalhar em nenhum projeto do editor "X" e ele nem sequer olha mais para nós — especialmente quando sua esposa e seus adoráveis filhinhos fazem visitas de surpresa na redação.*
>
> —Daisy, Nova York

Duvido que alguma vez o amigo de Daisy tenha dito algo a seu chefe sobre o que aconteceu naquela noite — na verdade ele parecia tão embaraçado quanto o chefe. No entanto, o fato de o chefe

* No Brasil, os jornalistas mais experientes chamam os novatos de "foca". (N.T.)

saber que Daisy tinha conhecimento a respeito de sua má conduta já foi capaz de forçá-lo a se comportar melhor com ela ou, no mínimo, perceber que fora inapropriado e precisaria agir adequadamente no futuro. Sou capaz de apostar que o relacionamento chefe-assistente melhorou muito depois daquela noite fatídica.

Escolha seu mantra

Uma palavra, ou frase, repetida inúmeras vezes pode ajudar você a relaxar. Se você já fez aulas de ioga, deve estar familiarizado com mantras como "*Om shanti om*", que todo mundo repete várias vezes para se acalmar e limpar a mente antes de começar a sessão. Para ser totalmente honesta, mais cedo ou mais tarde, vai acontecer algo no seu emprego capaz de fazer você correr para chorar no banheiro. Pode ser algo importante e óbvio, como seu chefe gritar e dizer palavrões para você, ou pode ser mais sutil — muita frustração e ansiedade deprimindo você antes que o choro estoure. De qualquer modo, você ficará embaraçado por causa das lágrimas, apesar de todos naquele escritório já terem caído no choro pelo menos uma vez. Assim, escolha seu mantra para enfrentar esses momentos difíceis. Em meu site, algumas das sugestões mais populares são:

- Esse emprego não é a minha vida.
- Amanhã será outro dia.
- Respire fundo.
- Não leve para o lado pessoal.
- Tudo isso também vai passar.
- Vou superar isso. Sou melhor que isso.
- Deixa pra lá.

Sei que falamos sobre uma tonelada de assuntos — do material de escritório ao carma do ambiente corporativo, passando pelo planejamento financeiro. Pode parecer completamente esmagador. No entanto, você entrou em uma nova fase de vida e, como em toda nova etapa, vai precisar se ajustar. Talvez você não tenha notado na primeira semana de faculdade que você estava lá aprendendo algo além de estatística ou geologia — como, por exemplo, fazer trabalhos com uma colega estranha ou chata; ou adivinhar qual catraca vai deixar você passar sem o cartão magnético de identificação. Acredite em mim: quanto mais você trabalhar agora, menos complicações terá no futuro.

TESTE: Com qual funcionário da tevê você é parecido?

1. Você fica mais feliz no trabalho quando:

a. O chefe finalmente reconhece uma de suas realizações.
b. Todo mundo está feliz e nada vai mal.
c. O cara (a garota) bonitinho(a) de quem você gosta fez um convite para o almoço.
d. Ninguém atirou nada na sua cabeça durante todo o dia.
e. O chefe não fez nada ilegal e você não vai levar a culpa.

2. Como você se veste para ir trabalhar?

a. Uso o que vestiria normalmente — eu valho pelas minhas realizações e não pelo visual.
b. Meu uniforme não está completo sem um grande sorriso.
c. Tento parecer bem, mas opto por roupas conservadoras para não me destacar demais.
d. Roupas de qualidade ou nada! No fim das contas, você deve se vestir para o emprego que quer ter e não para o que tem, certo?
e. Quando encontro um visual adequado para o escritório, eu repito as roupas diariamente.

3. Em que situação tomaria um drinque no escritório?

a. Só se meu chefe beber e me oferecer um — não quero ser rude!

b. Nunca. Eu não bebo nem café no escritório... fico nervoso(a).

c. Não todo dia, mas não vejo nada de errado em tomar umas margaritas na festa do escritório, quando todos estão tentando relaxar.

d. Eu tenho uma garrafa na gaveta da minha mesa.

e. Só se me demitirem e eu quiser afogar as mágoas.

4. Por quanto tempo você imagina ficar nesse emprego?

a. Não por muito tempo — eu vou atrás e realmente quero uma promoção.

b. Pelo tempo que estiverem felizes com meu trabalho, por que abandonar o barco?

c. Sempre digo que vou embora, mas minha vida me traz de volta.

d. Com sinceridade, é um milagre o fato de eu continuar vindo todos os dias.

e. Esse é o emprego dos meus sonhos, vou ficar para sempre.

5. Já pensou na hipótese de transar com seu chefe?

a. Não, apesar de outras pessoas acharem que deveríamos.

b. Só se for uma ordem, porque eu detesto dizer "não".

c. Transar com o chefe é contra as políticas de RH e não quero perder o emprego. Já transar com um(a) colega...

d. Nunca. Meu chefe não faz meu tipo.

e. Todos os dias.

6. Qual foi a coisa mais embaraçosa que já teve de fazer no trabalho?

a. Resolver as brigas do meu chefe com a família dele.

b. Correr de lá para cá fazendo coisas sem importância — às vezes em outra cidade.

c. Pedir desculpas pelo meu chefe, que ficou bêbado e arruinou uma reunião importante.
d. Implorar de joelhos para manter o meu emprego.
e. Fazer coisas que comprometem minhas convicções ou vão contra meus valores.

7. Seu chefe sabe de algo sobre sua vida pessoal?
a. Sim, nós sempre conversamos sobre nossas vidas e trocamos conselhos.
b. Eu não tenho realmente uma vida fora do trabalho, portanto, isso não é assunto.
c. Tento não falar muito sobre minha vida, mas acho que tenho de entrar em detalhes quando o chefe pergunta.
d. Sim, e ele usa essas informações para me fazer sentir culpada ou abusar emocionalmente de mim.
e. Não, basicamente, eu existo para trabalhar para o chefe e ele não me vê de outro modo.

8. Qual é o seu ponto fraco no trabalho?
a. Levo tudo muito a sério e pessoalmente, e tenho dificuldade para separar meu trabalho da minha vida.
b. Eu tento agradar a todos sempre!
c. Se eu entrar em uma rotina, tenho de me esforçar para sair dela.
d. Tenho uma relação passivo-agressiva com meu chefe.
e. Sou perfeccionista e meu crítico mais ferrenho.

MAIORIA DE RESPOSTAS "A": VOCÊ É BETTY SUAREZ

Linda em seu mundo interior, Betty é uma garota batalhadora do Queens que se banca sozinha contra os colegas patricinhas e mauricinhos da superglamourosa revista *Mode* na série de tevê *Ugly Betty*. Em vez de tentar impressionar os outros com roupas sofisticadas, Betty acredita no trabalho árduo e na promoção pelos caminhos mais tradicionais. Apesar de às vezes passar por uns reveses, ela consegue equilibrar muito bem o trabalho e a vida familiar. Conseguiu conquistar o respeito de seu chefe, que admira sua sensatez.

Maioria de respostas "b": você é Kenneth Parcell

Na série *30 Rock*, Kenneth nasceu em uma área rural da Geórgia e foi para Manhattan trabalhar na NBC na equipe que produz uma série televisiva, ou seja, a *30 Rock* é a série dentro da série de tevê. Completamente sozinho em Nova York, Kenneth transformou o escritório em sua casa, confraternizando com os colegas e assumindo de boa vontade todo trabalho extra. Infelizmente, de vez em quando, ele se envolve nos dramas pessoais de seus colegas. Mas, de algum modo, Kenneth sempre consegue resolver tudo, dar lições de vida às pessoas e fazê-las perceber seus erros.

A maioria de respostas "c": você é Pam Beesly

A recepcionista da versão norte-americana da série *The Office* faz de tudo para se manter calma mesmo diante das circunstâncias mais bizarras. Ela é chamada para guardar o dinheiro de apostas, resolver brigas e distribuir conselhos. No entanto, às vezes, os colegas levam muito a sério seu papel de "queridinha do escritório" e a fazem de capacho.

Maioria de respostas "d": você é Lloyd Lee

Como assistente do chefão Ari Gold, dono de uma agência de talentos em Hollywood na série *Entourage*, da HBO, a rotina diária de Lloyd envolve quase tudo: desde fazer ligações telefônicas e marcar reuniões até sabotar as agências rivais e circular com as celebridades amigas do chefe. Apesar de Lloyd passar por maus momentos (chantagem emocional, abuso físico e homofobia) com seu chefe diabólico e bombástico, definitivamente, ele não é trouxa — sabe muito bem como utilizar o cargo de "assistente do mafioso" para fazer amigos e conquistar favores. Antes que você pense que a promoção de Lloyd o deixou fora de perigo, agora ele compete com o ex-chefe — e usa os mesmos truques sujos.

Maioria de respostas "e": você é Waylon Smithers

O melhor funcionário dos desenhos animados trabalha como braço direito do diabólico senhor Burns na série da Fox, *Os Simpsons*. No entanto, ele se envolve bem mais do que a média dos funcionários, vivenciando e até mesmo servindo ocasionalmente de enfermeira para o decrépito senhor Burns. A devoção de Smithers não tem limites, a ponto de ajudar o chefe a levar adiante planos que ele considera moral ou eticamente repugnantes. Quando a gente olha para a vida dele fora do trabalho, Smithers até parece um cara bem legal — apesar daquela leve queda por bonecas.

Capítulo 2

Chefes: os maus, os feios e os (raros) bons

"Você odeia seu emprego? Ah, por que não disse antes? Há um clube para gente assim. Nós o chamamos de "Todo Mundo" e nos encontramos nos bares."

—The Drew Carey show
Série de tevê da ABC transmitida de 1995 a 2004

O que faz um chefe ser mau?, você pode perguntar a si mesmo. É como tentar entender o que leva um *serial killer* a matar pessoas. É preciso analisar as características do mau chefe para, então, entender como ele ficou assim. Talvez sua infância tenha sido infeliz. Talvez ele seja mesmo um sociopata.

No final das contas, *O diabo veste Prada* revelou a terrível Anna Wintour a quem nunca ouvira falar dela nem jamais lera uma matéria da revista *Vogue*, mas ela continua a ter um emprego — e por que uma multidão de pessoas continua desesperadamente querendo ser sua assistente?

Por uma simples razão: dinheiro. Em geral, profissionais tornam-se chefes porque conseguem fazer algo que gera dinheiro: seja um especialista em finanças que traz ao negócio clientes ricos ou uma editora de revistas mensais com anúncios comercializados a cifras altíssimas. Vamos montar uma rápida equação matemática? Suponha que o Chefe A gere 20 milhões de reais em receita bruta para a companhia por ano. Por esse resultado, ele recebe uma comissão de 15%, isto é, 3 milhões de reais. Portanto, a companhia fica com 17 milhões de reais. O Chefe A tem um funcionário, que chamaremos de Funcionário B, que recebe 30 mil reais por ano. Agora, vamos imaginar que o Chefe A e o Funcionário B se odeiem e não consigam trabalhar juntos em harmonia. O grande ódio que existe entre eles prejudica o trabalho e — mais importante — o resultado financeiro da empresa. A companhia decide que é preciso demitir um dos dois. Qual deles você acha que vai sair? Vou lhe dar uma pista: não será o responsável pelos 17 milhões de reais por ano em receita.

Há uma verdade que você pode considerar não apenas para os maus chefes, mas a todos os maus empregados: a maioria deles não sabe que é mau. Eles não estão com os pés na realidade: são cercados por gente falsa que lhes diz que são maravilhosos ou, simplesmente, nunca foram responsabilizados pela própria má conduta. A maioria de nós dificilmente percebe as consequências das próprias atitudes, e aos maus chefes falta autoconhecimento. Meu antigo superior, além de não considerar que fosse mau, nunca perdia uma chance de se autopromover: se ele "deixasse" eu tirar meio período de folga quando o escritório ia mesmo fechar às 13 horas, fazia questão de parar várias vezes à minha mesa para enaltecer a si mesmo, dizendo o quanto ele era legal por deixar eu sair mais cedo. Chefes diabólicos adoram falar sobre a própria benevolência e fazem questão que todo erro pareça falha do funcionário, e não deles. Nem sei quantas vezes ouvi de executivos que seu maior problema no trabalho era ser "muito legal" com os funcionários — às vezes pode até ser verdade, mas esses chefes são exceção à regra. Uma boa dica é assumir que, quanto mais um chefe diz que é legal e generoso, mais difícil deve ser trabalhar para ele; trata-se de um caso típico de propaganda enganosa. Já reparou que, quando casais de celebridades começam a dizer nos jornais e revistas que estão muito apaixonados, que adoram passar o tempo todo juntos e blá-blá-blá, dali a um mês estão se divorciando?

Enquanto Anna Wintour continuar produzindo e vendendo edições da *Vogue* que incluam 114 páginas de valiosos anúncios, ela irá manter seu emprego. E, enquanto Anna Wintour estiver nessa posição, que é possivelmente uma das mais prestigiadas da indústria da moda, haverá gente querendo trabalhar para ela, acreditando que isso um dia os levará ao emprego dos sonhos. Quando as pessoas atingem o sucesso, são recompensadas por isso. Alguns chefes querem carros de luxo ou jatinhos particulares porque assim não precisam viajar com "as pessoas comuns". Alguns chefes querem almoçar na própria sala todos os dias porque assim não precisam parar de trabalhar. Seja o que for, quando uma pessoa atinge determinado padrão de vida, ela se acostuma a ele. Ou seja, se seu chefe está acostumado a receber o café da manhã na cama todo dia, vai ficar bem confuso — e bravo — quando isso não acontecer. Portanto, preste atenção para não ser você o responsável pela falha no serviço do café da manhã.

O CHEFÁRIO

Glossário para reconhecer os maus chefes

Se Tolstoi tivesse trabalhado como funcionário, talvez dissesse que todos os chefes se parecem, mas os maus chefes são ruins cada um à sua própria maneira. Sei que todo chefe do mal é peculiarmente diabólico, mas nessa seção identifico alguns dos tipos mais comuns.

Isso ajudará você a descobrir o mau chefe mais depressa (quem sabe, ainda na entrevista do processo de seleção) e dar dicas de como lidar com ele — se já for tarde demais para largar o emprego.

O Quase Marido

Ele é casado com o trabalho e, por consequência, com você. Ele diz como quer que você se vista, espera que você apanhe a roupa dele na lavanderia e pede dicas de namoro quando "está livre". Mas é só quando ele telefona na casa dos seus pais para perguntar onde está a caneta tinteiro de que tanto gosta que você percebe que se tornou uma esposa e não uma funcionária. O Quase Marido é incapaz de distinguir vida de trabalho. Como resultado, em geral, é bem-sucedido na profissão que escolheu, mas provavelmente é também um workaholic. Por causa de sua inabilidade em separar vida e emprego, seus amigos mais próximos são colegas e parceiros de negócios. Quando casado, a esposa é alguém que ele conheceu no escritório ou o amor dos tempos da faculdade, que não se incomoda em estar sempre em segundo lugar — depois do trabalho do marido, claro. Mais provavelmente, porém, ele é divorciado, porque se preocupa mais com o emprego que em estar em casa nas horas de lazer.

O que veste: Ternos bem genéricos. Jamais teria a estranha ideia de vestir um terno marrom com uma gravata estampada que não seja com listras.

O que bebe: No trabalho, café preto. Durante um almoço profissional? Três martínis, sem brincadeira.

Exemplo famoso: Hugh Grant como George Wade no filme *Amor à segunda vista* — mas sem aquele charme e sensualidade, de outro modo alguma funcionário ia querer mais atenção de sua parte.

DICA QUE VALE OURO: COMO MANTER A ENERGIA

Use tudo que puder para se manter alerta no escritório — ou, se estiver de ressaca, que ajude você a sobreviver àquele longo dia até chegar em casa para desmaiar na cama. O modo mais comum para se manter alerta inclui café, energéticos, chocolate, pílulas de cafeína e vergonha na cara.

Como lidar com a figura: Defina seus limites o mais depressa possível. Ou seja, quando disser "não", seja realmente clara a respeito do assunto. Desligue o celular nos finais de semana. Não dê a ele um meio de encontrar você durante as férias. Mas, caso você já tenha quebrado essas barreiras, pense em algum tipo de desculpa que: a) irá tomar muito do seu tempo e b) seja algo que não irá complicar sua vida. Uma desculpa como um parente próximo doente é perfeita. É chato ter de mentir em relação a isso, mas "Desculpe, não posso porque terei de cuidar da minha avó que está doente" é uma boa resposta para aquele papo de "Eu preciso que você faça isso hoje à noite".

A Falsa Amiga

No começo, ela procura ser sua melhor amiga. Elogia a cor de seus cabelos e seu estilo de se vestir. Quer saber tudo sobre sua vida pessoal e conta detalhes da dela, em geral, tomando uns drinques na *happy hour* — muitos drinques. Um dia, porém, quando você começa a achar que está chegando profissionalmente a algum lugar, ela lhe dá as costas. Você se torna uma ameaça, a menos que ela precise de um bode expiatório para alguma transgressão — mas, então, já é tarde demais.

O que veste: Qualquer coisa que a *Vogue* diga que está na moda ou algo mais barato que ela encontrou em liquidações, mas que combine com acessórios caros. Depois de alguns meses no trabalho, ela vai copiar exatamente o seu visual.

O que bebe: Frapuccinos light, sem espuma e com canudinho verde, não preto. Depois do trabalho, mergulha em taças do ultrarrosa e ultrafeminino Cosmopolitan.

Exemplo famoso: Michael Douglas como Gordon Gekko no filme *Wall Street – poder e cobiça.*

Como lidar com a figura: Quanto menos informações der à Falsa Amiga, menos munição ela terá. Embora ela tente envolver você em conversas pessoais, tenha cuidado para não morder a isca. Seja vago quando ela fizer perguntas diretas: se ela quiser saber onde você comprou aquela jaqueta adorável, diga que foi presente ou que comprou em um brechó. Se quiser saber o que você vai fazer no final de semana, diga que vai ficar em casa lendo um livro. A Falsa Amiga parece um pernilongo, se o seu sangue não estiver fácil de sugar, ela vai procurar as veias de outra pessoa. Caso você tenha dificuldade para dar respostas vagas ou tenha medo de responder de um modo que irá colocá-la na defensiva, tente inventar que você adora certas lojas, designers, grifes, bandas e veja se ela tenta copiar suas preferências imaginárias. No final das contas, vai ser um experimento social interessante, e pode trazer à memória algumas coleguinhas dos tempos do Ensino Médio.

O Queridinho

Você provavelmente estudou em uma faculdade melhor que ele, mas como ele tem boa aparência e nasceu na família certa, pode se sentar àquela mesa linda e dizer a você o que fazer. Por exemplo: planejar a

DICA QUE VALE OURO: O ARQUIVO SSP

O arquivo SSP, ou Salve Sua Pele, é algo inacreditavelmente importante em qualquer emprego. Você nunca sabe quando alguém vai tentar sabotar seu trabalho ou pedir sua cabeça, portanto, o melhor que pode fazer em sua própria defesa é manter um arquivo com informações que beneficiem você. Alguns itens possíveis do arquivo SSP podem incluir e-mails com elogios do chefe, colegas, clientes ou fornecedores, avaliação anual de desempenho positiva, alguma matéria publicada na imprensa que mencione você ou especificamente o evento/programa/iniciativa que você coordenou, além de todo prêmio ou reconhecimento que recebeu da companhia. Talvez um dia você tenha de recorrer ao arquivo SSP para pedir um aumento de salário.

viagem dele ou mandar o supercarro dele para a revisão. Seja o que for, você não está aprendendo nada, mas não pode mandá-lo para "aquele lugar", ou provavelmente nunca mais irá encontrar outro emprego nessa cidade.

O que veste: Qualquer roupa que não esteja no código de vestimenta da empresa, como jeans rasgados ou calças cargo, porque ninguém vai ter coragem de criticá-lo por isso.

O que bebe: Uísque envelhecido vinte anos ou qualquer outra bebida que o seu salário não poderia pagar em um bar.

Exemplo famoso: O ator Eric Mabius como Daniel Meade na série *Ugly Betty*.

Como lidar com a figura: A maioria dos Queridinhos não é exatamente má pessoa — eles são mimados e têm uma visão distorcida da realidade. Não vai tirar pedaço de ninguém se, de vez em quando, você mencionar o seu estado de pobreza quando ele falar das últimas férias fantásticas dele. Não se faça de coitadinho, mas quando ele perguntar se você recomenda Barbados ou as Bermudas, diga que suas últimas férias foram na casa da sua mãe. Espalhe com naturalidade esse tipo de comentário "realista"; talvez isso ajude o Queridinho a entender como vive a outra metade do mundo.

Além disso, procure — discretamente — ligar-se aos contatos de seu chefe. Ele provavelmente foi à faculdade com gente que está agora em empregos bem legais, e o Queridinho é seu passe para conhecer essas pessoas. Seja cuidadoso e não deixe transparecer que está tirando vantagem dele; faça laços firmes com os funcionários do círculo pessoal dele.

O Estressado

Com esse chefe, você nunca sabe o que é realmente importante, porque ele surta por tudo. Ele reage ao fato de o supermercado não ter seu filtro de café preferido com a mesma dose de pânico de quando o principal cliente está rompendo o contrato com a empresa. Todo dia acontece um maremoto com alto nível de estresse quando ele está por perto, e você percebe que a ansiedade dele está fazendo cair os seus cabelos — não os dele.

O que veste: Um terno sofisticado e completo com lenço de seda no bolso. As mulheres utilizam o mesmo requinte, além de unhas impecáveis e pérolas antigas no pescoço.

O que bebe: Umas quinze xícaras de café por dia e talvez isso explique toda aquela agitação. Às vezes engole com o expresso um punhado de pílulas contra ansiedade.

Exemplo famoso: Jeremy Piven como Ari Gold, na série de tevê *Entourage,* desempenha o papel com maestria.

Como lidar com a figura: Tome um antidepressivo, mas, se você não tem prescrição médica para isso, tente meditar.

Sinceramente, o melhor modo de se relacionar como Estressado é ser extremamente calmo. Se você ficar tenso e começar a gritar também, a situação vai virar uma competição de berros. Quanto mais alto ele falar, mais baixo você deve responder. Se ele fizer uma pergunta gritando, será forçado a baixar a voz para poder ouvir você responder. Mas não demonstre ironia com essa ação, ou ele poderá irritar-se ainda mais.

Ter argumentos para auxiliar o Estressado a se acalmar também ajuda bastante. Não estou estimulando você a encarnar a mãe dele a fim de fazê-lo se sentir culpado por estar reclamando que você se esqueceu de pedir que tirassem o tomate do sanduíche dele. Mas, se tiver respostas rápidas e pertinentes para todas as queixas, isso irá ajudar a colocar as coisas nos trilhos novamente. Por exemplo, quando ele se descabelar porque o restaurante predileto não tem mesa para o almoço, esteja pronto com sugestões de vários outros locais. Complete a dica com comentários do tipo: "Lembra da última vez que foi lá? Você pediu escalopes de vitela e passou dois dias falando que estavam deliciosos. O nome do *maître* é Vincenzo e posso tentar a reserva".

O Estressado tende a canalizar toda sua energia para reclamar de um problema, mas não se fixa no assunto. Portanto, se você conseguir oferecer soluções imediatas pode conseguir acalmá-lo ou, pelo menos, diminuir o surto de pânico por um minuto.

DICA QUE VALE OURO: A FAMA DA CHEFIA

Aja como seu chefe, mas tenha em mente um objetivo específico. Por exemplo, se a pessoa que deve lhe fornecer os números sobre vendas que você pediu há uma semana não responde a seus e-mails e seu chefe pergunta sobre isso a cada quinze minutos, a ponto de enlouquecer você, talvez seja útil usar um pouco "da fama da chefia".

Vá até a mesa da pessoa que lhe deve essas informações e aja como seu chefe agiria — não aceite "não" como resposta e insista que a pessoa pare imediatamente o que está fazendo para ajudar você — até que ela passe os números que está devendo. Além de ter medo do seu chefe, as pessoas fazem o que ele pede na hora para escapar de todo aquele estresse.

A estratégia oposta é dizer o quanto está cansado de ouvir seu chefe cobrando os tais números a cada quinze minutos.

O Veterano

Trabalhar para esse chefe pode lhe abrir dezenas de portas no setor. Ele já foi um figurão, mas hoje em dia não cuida de projetos tão importantes porque está para se aposentar. Em vez de ser escalada para uma tarefa interessante, como participar de um *brainstorm* para a criação de um novo produto, você tem de levar café para ele seis vezes por dia e ouvi-lo discursar sobre a falta de integridade da empresa na atualidade.

O que veste: Um terno que foi a absoluta última palavra em moda há uns quinze anos.

O que bebe: Não precisa de cafés metidos, com espumas ou especiarias. Ele se lembra muito bem do tempo em que o café era apenas café.

Exemplo famoso: Martin Landau como Bob Ryan na série *Entourage.*

Como lidar com a figura: Leve-o no bom humor. Quando ele começar a contar de novo aquela história que você já ouviu uma dúzia de vezes, apenas sorria e meneie com a cabeça. Imagine que é seu avô contando mais uma vez aquela velha história do tempo da roça. Escute-o com respeito, afinal, além de aprender muitas coisas com ele, um dia você poderá estar na mesma posição.

Além disso, aproveite esses momentos para conhecer a história do setor em que está trabalhando. Informe-se sobre algumas das realizações de seu chefe. Em entrevista para seu próximo emprego, perceberão que você é reverente ao passado e que considera a experiência um ativo e não uma relíquia.

O Ogro Estabanado

Seu chefe é "realmente muito bom" no que faz. Infelizmente, ele é tão completamente bom que até hoje não conseguiu aprender a ligar o computador sozinho. Em outras palavras, você existe para pajeá-lo. Todas as manhãs, os primeiros quinze minutos de seu dia são para ajudá-lo a verificar novamente o correio de voz. Além disso, ele escreve tudo manualmente porque ainda não aprendeu a usar o editor de texto do computador.

O que veste: Ele pode até usar ternos elegantes, mas seu cinto provavelmente estará torcido nas costas.

O que bebe: Café com leite, embora metade acabe pingando em seu casaco esporte ou espalhada sobre a mesa do escritório.

Exemplo famoso: Gary Cole como Bill Lumbergh no filme *Como enlouquecer seu chefe.*

Como lidar com a figura: Ser competente vai mostrar ao resto da empresa que você é um bom funcionário. A verdade é a seguinte: ele é um ogro e é estabanado, e todos no escritório já sabem disso. Faça o seu trabalho o melhor que puder. Encare a sua realização do trabalho dele como crescimento profissional. Quem sabe você não é promovido ao cargo dele?

O lado negro do Ogro Estabanado é que você gasta muito tempo ajudando-o a realizar tarefas que deveriam ser simples, e depois tem de ficar até mais tarde no escritório para fazer o seu trabalho. Como conta Roxy nesta "história de horror":

> *Meu chefe é um ávido colecionador de memorabilia de bandas de rock da década de 1970. Tem uma enorme coleção de coisas para preencher sua vida vazia, coisas que o fazem lembrar seus dias de glória ou seja lá como quer chamar aquilo. Além disso, ele também é completamente iletrado em computadores. Isso quer dizer que ele me interrompe o tempo todo em tarefas importantes para que eu o ajude a cuidar de sua coleção. Outro dia, enquanto eu trabalhava em um relatório importante para um cliente e já estava em cima do prazo de entrega, meu chefe se aproximou da minha mesa bufando e disse que tinha um projeto que não podia esperar. Ele me deu uma fita K-7 e disse para eu cuidar daquilo imediatamente. Você quer saber o que poderia ser tão importante para que eu o atendesse com prontidão? Ele ditara uma lista de memorabilia que estava comprando para ser enviada com o cheque ao vendedor. Era tudo aparentemente tão urgente que eu digitei toda a lista e, então, até preenchi um formulário do correio para ele. No fim das contas, tive de ficar até mais tarde no escritório para terminar meu trabalho de verdade.*
>
> —Roxy, Washington, D.C.

DICA QUE VALE OURO: ALMOÇAR NA MESA DO ESCRITÓRIO

Almoçar ou fazer qualquer outra refeição em sua mesa no escritório — pode ser um sanduíche que trouxe de casa ou alguma comida que escolheu e pediu por *delivery* —, de qualquer modo, é deprimente. Você não deve fazer isso — nunca. Claro, de vez em quando, há um enorme acúmulo de trabalho por fazer e você não consegue sair da sua mesa nem por um segundo. Mas a razão para a hora do almoço existir não é apenas se alimentar: você deve sair um pouco do escritório. Mesmo que traga um lanche de casa, coma sob uma árvore ou chame um colega para fazerem juntos a refeição em uma sala de reuniões. Tudo o que conseguir fazer você espairecer por uns instantes o ajudará a voltar mais racional e focado ao trabalho.

A Rainha do Drama

Com certeza, você consegue atender aos telefonemas, gerenciar a agenda dela e organizar os arquivos. Mas isso não é o bastante. Você chega todos os dias pontualmente às 7h55, embora a porta do escritório seja aberta somente às 8 horas (e você não tem a chave)? Você deveria chegar às 7h30! Há uma minúscula casquinha de pão em sua roupa? É o caminho para manchar a reputação da companhia. E, por falar nisso, sua chefe precisa daquele capuccino light triplo e com espuma extra — agora!

O que veste: Alguma roupa que, mesmo que você passe a vida economizando, não vai conseguir comprar. Inclusive casacos de pele.

O que bebe: Café é tão antiquado... Agora ela só quer chás herbais ou água vitaminada. E nunca cometa o equívoco de imaginar que ela se alimenta.

Exemplo famoso: Meryl Streep como Miranda Priestly em *O diabo veste Prada.*

Como lidar com a figura: Você vai precisar contar com uma grande rede de apoio. Tenha o número de telefone de todas as pessoas do escritório em seu celular — o funcionário que gerencia a agenda de reuniões do CEO, o responsável pela entrega da correspondência, aquele que sabe fazer a impressora voltar ao normal depois que a máquina começa a dizer que está travada com papel, mas não está... Além disso, crie uma rede social de terceirizados que podem ajudar você a resolver toda e qualquer necessidade dela. Por exemplo, se ela gosta de pedir um drinque superespecial e complicado, faça amizade com os *barmen* dos bares mais próximos da empresa. Assim, enquanto ela estiver a caminho para tomar uns drinques com aquele cliente importante, você telefona e avisa sobre o tal drinque. Quanto mais você puder simplificar o processo, mais fácil será sua vida. Por mais triste que pareça, às vezes ajuda fazer-se de vítima para tudo dar certo. Nunca aja assim na frente da sua chefe, claro, mas, se parecer patético inspira o barista da cafeteria a deixar você furar a fila para levar mais depressa o café da chefe, sua sanidade mental justifica o meio. Apenas não se esqueça de que essa é uma solução temporária — você não quer viver em permanente estado de vitimização.

O Criador de Fantasmas

Você é o oitavo assistente dela neste ano, portanto, não se sinta mal se sua assinatura de e-mail for: assistente_da_direcao@nome_da_empresa.com.br. Ela ignora você nas reuniões da equipe, nunca agradece e precisa ser lembrada das reuniões muitas vezes porque jamais ouve o que você diz. Afinal, você é uma entidade sem existência real. O lado bom: ela não pode demitir você porque nem se lembra do seu nome.

O que veste: O suéter que o último assistente lhe deu no aniversário. Não, ela não mandou um bilhete agradecendo.

O que bebe: A mesma e exata bebida diariamente, embora sempre se mostre surpresa quando você lhe passa a xícara sem que ela tenha feito o pedido.

Exemplo famoso: Senhor Burns, em *Os Simpsons*.

Como lidar com a figura: Assuma a missão de fazer todos na empresa conhecerem você. Faça amizade com o zelador, a recepcionista, o CEO e o carteiro. Todos na empresa precisam conhecer seu trabalho e saber pelo que você é responsável. Vai ser muito chato se o presidente da companhia mencionar um projeto em que você trabalhou bem e ela acabar perguntando: "Quem?".

Na maioria dos casos, o Criador de Fantasmas não tem um problema com você, mas com assistentes de modo geral. Esse problema, com certeza, "é não perceber que eles são indivíduos com nome e personalidade". Veja, como exemplo, esta história:

> *Há duas semanas a empresa em que trabalho realizou uma grande festa para comemorar seu vigésimo aniversário. Como assistente do principal executivo, tive de planejar a maior parte do evento. Meu chefe queria a festa em um hotel sofisticado com um grande salão de jantar. Eu reservei e tomei conta de tudo. Então, um dia antes da festa, ele disse que havia um último detalhe para cuidar. Pegou a planta baixa do salão e pediu para eu fazer a distribuição dos lugares — dos executivos. Ele queria todos os executivos em uma única mesa, com um arranjo de lugares bem específico (com ele na cabeceira, claro). Eu perguntei onde os assistentes iriam sentar. Basicamente, ele queria os profissionais em uma mesa afastada, no fundo do salão, bem longe, para que ninguém ouvisse a conversa dos executivos. E*

não estava nem aí se não tivessem onde sentar. Afinal de contas, éramos apenas funcionários e não seres humanos, certo?

—Caroline, Chicago

O Ladrão de Ideias

Como funcionário, você precisa trabalhar em projetos e contribuir com ideias. Mas alguns chefes são especialistas em tomar para si a glória consequente delas; tudo o que você for capaz de produzir, inclusive a sua imaginação, poderá tornar-se propriedade do seu chefe. E, caso ele seja um sujeito legal, irá lhe enviar uma singela lembrancinha como agradecimento assim que receber o bônus dele no final do ano.

O que veste: Modesto, ele usa uma roupa genérica para trabalhar. Tudo para sumir no ambiente.

O que bebe: Qualquer bebida que a pessoa que ele quiser puxar o saco estiver tomando. Ele leu em algum livro de negócios que se deve copiar quem nos inspira.

Exemplo famoso: Sigourney Weaver como Katharine Parker no filme *Uma secretária de futuro.*

Como lidar com a figura: Mantenha a calma. Você não vai ficar nessa função para sempre. Antes de dar sugestões e ideias ao seu chefe, tenha certeza de que há mais alguém no recinto para lhe servir como testemunha de que a "boa ideia" foi sua.

Além disso, dê uma olhada cuidadosa no contrato antes de assiná-lo. Se puder, peça para um advogado avaliar o documento (sinta-se à vontade para consultar um amigo que ainda esteja frequentando a faculdade de Direito, algum parente ou qualquer outra pessoa que tenha algum conhecimento legal), especialmente a parte que especifica se a empresa será detentora de suas ideias e até que ponto. Se você está bem no emprego e já assinou o contrato, também não vai fazer mal nenhum conhecer esses detalhes. Manter registros é um bom modo de provar às pessoas que você tem valor e deve ser promovido.

O Microgerenciador

Você colocou a lista toda em ordem alfabética? Ótimo, mas deveria ter criado também uma legenda de cores. Você não pode ir almoçar antes dele e tem de ficar preso o dia inteiro na mesa para as ligações não caírem na caixa postal (especialmente quando o segundo assistente falta porque ficou doente). Além disso, ele ainda pede que você faça fofoca sobre os outros assistentes. Quem foi à *happy hour* na noite passada? Quanto cada um bebeu? Ele deve estar lendo seus e-mails. Só de pensar nisso você estremece.

O que veste: Terno com abotoamento duplo e risca de giz, abotoaduras em ouro maciço, que pertenceram a alguém famoso, e gravata de seda com nó Windsor.

O que bebe: *Dry martinis*, com muita, muita salmoura das azeitonas.

Exemplo famoso: O ator Bill Murray como Frank Cross no filme *Os fantasmas contra-atacam.*

Como lidar com a figura: Tente prever o comportamento dele observando seus padrões. Ele sempre pede guardanapos depois de fazer você preparar um expresso? Se isso se tornar um padrão, certifique-se de ter sempre guardanapos no bolso de trás. Assim que pedi-los — não ofereça, espere ele pedir —, você vai fazer a entrega ali mesmo, na hora! A razão para você não oferecer antes os guardanapos para ele é que os microgerenciadores gostam de pedir coisas. Se você se antecipar ao pedido e oferecer o guardanapo antes, ele vai inventar imediatamente uma nova demanda, pode ter certeza! — e é bem provável que você não consiga atender.

Os Microgerenciadores desperdiçam dinheiro de uma maneira estranha: 800 reais em doces que não vão comer ou comprando abridores de cartas de ouro maciço. Uma funcionária ficou louca ao ver seu chefe desperdiçar dinheiro de várias maneiras:

> *Odeio consultores. Acho que são pagos para dizer às pessoas como fazer o mesmo trabalho de um jeito diferente — não melhor, apenas diferente. E eles recebem muito dinheiro. Meu chefe contratou a pior consultora do mundo. Ela é especialista em utilização de planilhas eletrônicas. Foi paga para dizer às pessoas a melhor maneira de usar os recursos dessas ferramentas. Se meu chefe tivesse prestado atenção ao meu currículo não teria gasto um centavo com essa consultora, pois eu mesma teria dado um curso interno — e teria feito um bom desconto para a empresa. Mas ele prefere pagar meu salário para que eu faça café do jeito que ele gosta. Acho que vou mudar de emprego.*
>
> —Lindsay, Chicago

O Clichê

Ele pode se comportar de maneira inapropriada: desviando fundos da empresa e tratando você como secretária, além de usar um perfume estranho. Tem ideias conservadoras a respeito das mulheres no ambiente de trabalho. Com certeza, o Clichê também pode ser uma mulher: sua visão do feminismo parou na década de 1980, assim como seu corte de cabelo e a maior parte do guarda-roupas.

Ela acredita que o almoço deve ser compartilhado somente com os poderosos da empresa.

O que veste: À altura do chique mostrado no filme *O preço da ambição*. Ponto adicional para as ombreiras.

O que bebe: Café antes das dez da manhã e algo alcoólico durante o restante do dia. E, quando você coloca a caneca na frente dele, ele a chama de "docinho".

Exemplo famoso: Dabney Coleman como senhor Hart no filme *Como eliminar seu chefe*.

Como lidar com a figura: Caso seu chefe esteja demonstrando atitudes que você considera assédio sexual, imponha-se. Faça um diário anotando todos os incidentes — tenha certeza de especificar os detalhes. Assim, quando você for ao RH ou abordar o superior do seu chefe para apresentar sua reclamação, vai poder dar a eles algo mais do que sua declaração verbal.

Além disso, não tenha medo de se defender — especialmente, na frente de outros colegas. Se possível, deixe a porta do escritório aberta ou sugira que devem discutir o seminário que você está coordenando em um lugar público da empresa, como uma sala de reuniões. Mantenha-se firme e calma, dizendo frases como: "Eu gostei de sua oferta dos ingressos para o teatro, mas não acho apropriado sairmos juntos depois do trabalho". Você terá testemunhas para o seu comportamento e estará ajudando a criar um ambiente melhor na empresa, conquistando o apoio de seus colegas.

Às vezes, o Clichê precisa tomar umas lições sobre tolerância e sensibilidade no ambiente corporativo para evitar passar dos limites. Seja politicamente correto em relação a seus casuais comportamentos racistas e sexistas. Veja o exemplo desta garota:

Um dia dei carona ao meu chefe para sua aula de ioga e não sei como ele trouxe à tona o fato de que meu sobrenome é irlandês (além de ter origem irlandesa, sou também um pouco inglesa, tcheca, francesa, alemã etc.) e começou um papo estranho com: "Sabe, eu sou judeu e nós temos a mania de alimentar todo mundo e também de comer demais. Você e sua família de irlandeses bebem demais, não?".

Que droga!

—Laura, Filadélfia

A Mártir

Nada nunca é falha dela. Mesmo quando algo ruim acontece como resultado direto de algo que ela fez, age como se estivesse se sacrificando para salvar outros funcionários. Seja porque a empresa perdeu um grande cliente ou porque a máquina de fax está quebrada de novo, ela sai pelos corredores se lamentando com as mãos na cabeça e logo começa a murmurar frases como: "Ninguém sabe os problemas que eu tenho de enfrentar". Ela ameaça deixar a empresa toda vez que se sente "injustamente punida" ou "cruelmente reprimida", mas todos sabem que ela só quer atenção e que não vai deixar ninguém livre de suas lamentações.

O que veste: Roupas que a fazem parecer mais jovem (e menos profissional), como *leggings*, bijuterias de plástico e bandanas.

O que bebe: Nada alcoólico, porque dar uns golinhos a deixa ainda mais desmancha-prazeres do que já é.

Exemplo famoso: Mimi, da série *The Drew Carey show*.

Como lidar com a figura: Se você concordar com suas manhas repetidas de "É tão difícil para mim", vai endossar seu comportamento. E se você ignorá-la completamente vai fazê-la entrar ainda mais fundo no modo sofredor. O que fazer então? Procure o equilíbrio. Dê a ela respostas genéricas como: "É mesmo difícil". Melhor ainda, acrescente: "Preciso voltar ao trabalho agora". Talvez sua dedicação ao emprego a inspire a trabalhar um pouco mais.

O Supercompartilhador

Assim como a Falsa Amiga, ele quer ser seu melhor amigo para sempre. Mas, ao contrário da Falsa Amiga, ele não faz isso para depois sabotar você secretamente. Não, o Supercompartilhador é, em geral, bastante carente e implora por atenção e companhia. Ele fala sobre tudo com você: os filhos, sua vida sexual, as sessões de terapia. Ele também encoraja você a compartilhar suas histórias, assim pode sentir que estão realmente "conectados". Mas tudo o que você realmente deseja é voltar para casa e apagar do cérebro para sempre a imagem dele e de suas histórias mirabolantes.

O que veste: Roupas genéricas de trabalho mal-ajustadas e mal passadas, sempre "incrementadas" com acessórios como *bottons* de seu time de futebol ou uma gravata estampada com notas musicais.

O que bebe: Litros de chá preto em uma caneca com frases inspiradoras como: Sonhe alto! ou Equipe — Juntos para sempre a gente chega mais longe.

Exemplo famoso: Michael Scott, na série *The Office*, que desconhece totalmente o conceito de limites — ou de dignidade.

Como lidar com a figura: Se você foi pego para ouvir outro de seus monólogos sobre a discussão que ele e o irmão tiveram na semana passada sobre política e que ele não pode acreditar que alguém pense daquele jeito, vá em frente: sorria e meneie a cabeça concordando, mas não pare de fazer o seu trabalho. Desse modo, ao mesmo tempo em que "presta atenção" na história, você consegue manter suas planilhas atualizadas. Além disso, ele pode acabar percebendo que você tem mais o que fazer do que se envolver nos dramas dele.

Caso ele não perceba isso — ou não queira perceber —, você pode fazer o mesmo, compartilhando detalhes de sua vida pessoal. Ele pode achar supernormal falar da vida pessoal dele no trabalho, mas deve estranhar quando você resolver contar a sua vida em detalhes. A esperança é que ele perceba como é inapropriado perder tempo falando sobre a vida um do outro. Certifique-se de tornar seu relato bastante chato, mostrando a ele total falta de coerência para com o ambiente de trabalho. Algo como: "Minha namorada e eu tivemos uma briga horrível outro dia. Ela está bem cheia de me ouvir falar sobre o trabalho e acha que eu preciso estabelecer alguns limites".

OS MELHORES E OS PIORES ENTRE OS CHEFES-CELEBRIDADE

Apesar de vivermos em um mundo pós-*O diabo veste Prada*, em que os horrores do dia a dia de um assistente de celebridade tornaram-se conhecidos por todo o mundo, as pessoas continuam desejando esse tipo de emprego. Por quê? Se você digitar em inglês no Google "*celebrity assistant*" (assistente de celebridade), vai encontrar páginas e páginas com dicas para batalhar por uma dessas "cobiçadas" posições, além das informações de contato das agências de emprego que buscam esses profissionais para as pessoas famosas. Infelizmente, em uma cultura lotada de celebridades, as pessoas sonham com uma profissão que as aproxime até mesmo dos participantes dos piores *reality shows*. Algumas pessoas estão dispostas a tolerar o abuso e os cuidados sem fim que derivam do trabalho para uma diva porque, sejamos claros, os ganhos podem ser muito bons: bebidas de graça, entrada livre na área VIP dos shows, viagens gratuitas para locais remotos e exóticos e, ainda, uma possível carreira paralela, vendendo os segredos das celebridades para as revistas de fofocas. Jake Halpern, em seu livro *Fame junkies* [Sujeiras da fama], analisa as pessoas que querem trabalhar na equipe de gente famosa, especialmente como assistentes. Ele realizou um estudo com 653 estudantes do Ensino Médio em sua cidade natal, Rochester (Nova York), e deu a eles uma lista com várias profissões, perguntando em qual gostariam mais de trabalhar quando crescessem. As opções eram: presidente de uma grande empresa, um soldado das forças especiais da Marinha dos EUA, reitor da Universidade de Harvard ou de Yale, senador ou assistente pessoal de uma celebridade muito famosa. Você pode imaginar qual profissão foi a mais votada. Halpern observou:

> *Entre os milhares de pessoas que trabalham em Hollywood — agentes, advogados, estilistas, publicitários, gerentes de negócios e tantos outros —, muitas gravitam em torno das maiores estrelas da cidade. O que é peculiar e exclusivo aos assistentes pessoais de celebridades é que essa proximidade parece ser o único ganho que essa profissão oferece. A maioria descreve a rotina de trabalho como extenuante — levar roupas à lavanderia, comprar alimentos e pagar contas. E, bem diferente dos agentes e advogados, que estão lado a lado com as estrelas e recebem milhões de dólares por seus serviços, os assistentes não são tão bem remunerados. De acordo com uma pesquisa administrada pela Associação dos Assistentes Pessoais de Celebridades, esse profissional ganha em média 56 mil dólares por ano — não é muito dinheiro pelos padrões de Hollywood, especialmente considerando suas obrigações sem horário para terminar.*[1]

No entanto, nem todos que entram para os domínios dos assistentes de celebridades estão procurando “fazer carreira” nessa função. Muitos aspirantes a ator, músico, roteirista e diretor trabalham como assistente para pessoas na indústria do entretenimento na esperança de fazer contatos que irão lhes trazer retorno em longo prazo. Se você é bom no que faz e tem um bom relacionamento com seu chefe, é possível apostar nesses contatos para conseguir uma agenda mais longa e duradoura na indústria.

Embora existam celebridades que não contam com assistentes pessoais (entre eles Tim Gunn, Ellen Page e John C. Reilly), a verdade é que a maioria tem uma pessoa — ou até três — para cuidar delas por 24 horas de todos os dias da semana de sua vida. Elas alegam que os assistentes — supostamente — existem para realizar um trabalho real — tarefas como gerenciar a agenda sobrecarregada da celebridade, marcar e organizar viagens e se certificar de que todas as páginas dos contratos foram rubricadas. Mas muitas celebridades tratam seus assistentes pouco melhor que servos, fazendo-os manuscrever convites para festas de aniversário ou correr até lojas de conveniência para comprar salgadinhos e energéticos às duas da manhã. Para muita gente “famosa”, que na verdade não necessita da assistência de alguém, ter um funcionário é como comprar uma bolsa Birkin ou um bichinho de estimação. Em outras palavras, o assistente da celebridade é apenas mais um “acessório”.

Descubra quem está na lista das piores celebridades e leia sobre as pessoas famosas que realmente tratam seus funcionários com respeito.

OS PIORES

Naomi Campbell: Se as celebridades chefes do mal tivessem uma santa padroeira, ela com certeza seria Naomi Campbell. A supermodelo britânica criou a reputação de tratar mal todo mundo que trabalha para ela. Mas, de repente, algo mágico aconteceu: Naomi teve de enfrentar o tribunal para se defender de uma acusação de abuso. Ela foi condenada por agressão[2] (Naomi atirou um telefone em uma empregada chamada Ana Scolavino porque ela não conseguia encontrar as calças jeans que a diva queria usar no programa da Oprah) e teve de realizar serviços comunitários[3] limpando prédios públicos no Lower East Side de Nova York. Naomi tentou melhorar sua situação usando o único meio de expressão que conhece — a moda. Por isso, vestiu roupas caríssimas e inadequadas para fazer o trabalho de faxina.[4] Ela também foi flagrada com uma camiseta[5] com os dizeres: "Naomi Campbell bateu em mim". E, nas costas: "E eu adorei!". Apesar dos serviços comunitários e do choque que levou na luta de classes a que foi submetida, Naomi parece não ter aprendido nada sobre como tratar as pessoas com respeito. É por isso que, até que ela realmente faça as pazes com a comunidade de assistentes, nosso site terá o maior prazer em continuar acompanhando todas as suas ações equivocadas.

Ricki Lake: Os assistentes de celebridades são conhecidos por terem de enfrentar tarefas malucas, desde ir correndo comprar preservativos às 4 horas da manhã até cortar e pintar as unhas das patas de seus cachorrinhos de estimação. A funcionária de Ricki Lake teve de limpar a banheira onde a atriz deu à luz um de seus filhos.[6] A atriz conta, durante uma entrevista para divulgar o documentário que ela fez sobre dar à luz em casa, chamado *The business of being born*, que ainda hoje sua assistente reclama de quanto trabalho teve para limpar a banheira após o parto. Socorro...

Anna Wintour: A famosa editora da bíblia do estilo, *Vogue*, é conhecida por tratar muito mal seus funcionários, mas eles enfrentam isso para tentar garantir sua carreira no hipercompetitivo mundo fashion — depois de pagar seus pecados. Uma ex-funcionário, Lauren Weisberger, publicou uma pequena amostra[7] sobre o tempo em que trabalhou para Anna em *O diabo veste Prada*, que se tornou primeiro um livro *best-seller* e depois foi adaptado para o cinema com Meryl Streep no papel principal. Logo "a raiva das ex-funcionários" tornou-se um subgênero literário: Bridie Clark serviu-se da editora Judith Regan no livro *Porque ela pode*, e Rachel Pine não deixou por menos ao contar seus dias de trabalho para os irmãos Weinstein em *The twins of Tribeca* [Os gêmeos de Tribeca]. De verdade, o crime não é que Anna Wintour abuse de seus assistentes — mas que ela continue a fazer isso. Infelizmente, enquanto ela mantiver uma posição glamourosa e cobiçada por outras pessoas, nunca irá se sentir incentivada a parar de torturar quem trabalha para ela.

Johnny Rotten: Nunca se sabe o que vai ser capaz de pirar a cabeça de um chefe-celebridade. No caso do ex-Sex Pistols, o cantor Johnny Rotten, o limite foi ficar em um quarto de hotel que não tinha porta de comunicação direta com o do seu assistente, Rambo. Em meio a um acesso de fúria, Rotten atacou sua outra funcionária,[8] Roxane Davis — e falou palavrões pesados para ela. Depois, Roxane o processou por assédio e pancadaria.

Artie Lange: Mais conhecido por sua participação no programa *The Howard Stern show*, Artie tem um assistente pessoal chamado Teddy, que cuida da agenda de shows do comediante e organiza suas viagens e excursões pelo país. Como estamos falando do *Howard Stern show*, é claro que gozam e provocam Teddy no ar e ao vivo. Mas, um dia, a brincadeira foi longe demais; Artie tentou agredir fisicamente[9] seu funcionário e teve de ser contido. No dia seguinte,

Artie renunciou à sua participação no show (embora a "renúncia" não tenha durado muito tempo) e, em seguida, foi para uma clínica de reabilitação[10] tratar seu vício em heroína. Nem é preciso dizer que um chefe diabólico drogado é uma péssima ideia.

MARIAH CAREY: A cantora pode ser realmente eleita a Rainha da Equipe de Assistentes. Mariah é uma diva, o que significa que ela precisa de uma assistente para carregar para lá e para cá alguns bóbis aquecidos[11] extras (para o caso de sua cabeleira desmontar depois de um longo dia de gravação de um videoclipe ou fazendo uma foto); uma assistente para carregar para lá e para cá mais algumas fitas adesivas para empinar seios[12] (para o caso de um de seus microvestidos começar a despencar demais na direção sul); e uma assistente cuja única responsabilidade[13] é segurar o canudinho para que Mariah beba seu drinque de vinho branco sem borrar o batom.

MIKE MYERS: Pode não parecer chocante que as celebridades tratem pessimamente seus funcionários, mas Mike Myers é aquele tipo especial que trata como lixo os funcionários dos outros. Ao gravar uma participação no programa *Late Night with Conan O'Brien*, Myers comportou-se como um "divo" total. A toda hora pedia para que os assistentes de produção (que certamente não tinham nada mais importante para fazer como, por exemplo, ter certeza de que o programa está no horário ou verificar se os microfones estão todos funcionando) fossem buscar para ele balinhas de frutas, suco de amoras e creme de leite sem lactose para seu café.[14] Pode ser que Myers tenha aprendido esse comportamento quando ainda fazia uns filmes engraçados, mas isso não lhe dá o direito de fazer os assistentes de produção virar Manhattan pelo avesso para lhe comprar coisinhas e mimá-lo.

David Hasselhoff: Embora o ator da série *SOS Malibu* (lembra?), mais conhecido como *The Hoff*, pareça divertido na teoria, ele é bem mais complicado na prática. Famoso como estrela de segunda grandeza, ele se gaba de ser o queridinho da mulherada, embora provavelmente faça mais sucesso na Alemanha. Mesmo assim, Hasselhoff não quer ter o trabalho de pedir o número do celular de nenhuma mulher e muito menos correr o risco de levar um fora. Ele tem um funcionário encarregado de fazer contato com as mulheres que considera atraentes. O funcionário vai lá e entrega um cartão com o número de Hasselhoff.[15] Tenho certeza de que, quando disputou a vaga, esse funcionário não sabia que o emprego incluía a entrega de correio-elegante. É por isso que eu digo: sempre leia as letras miúdas dos contratos.

Lindsay Lohan: A atriz ganhou as manchetes dos jornais de todo o mundo quando foi presa por dirigir sob o efeito de drogas. No entanto, a história por trás disso é mais interessante do que o fato de a atriz ter sido presa. É que a segunda assistente de Lindsay, Tarin, pediu demissão naquela tarde e telefonou para sua mãe ir buscá-la na casa de Lindsay. Quando Tarin e a mãe saíram de carro, a atriz, com muita raiva, saiu atrás delas.[16] A mãe da garota chamou a polícia e denunciou que alguém estava perseguindo seu carro. A polícia prendeu Lindsay, que foi quase imediatamente para a reabilitação. Mesmo antes do drama com Tarin, Lindsay teve uma briga pública com a atriz Jessica Biel porque ela teria "roubado" sua assistente, Lindsay Ratowsky. Bons assistentes de celebridades são difíceis de encontrar e parece óbvio que, se alguém tem a chance de escolher entre trabalhar para uma estrela problemática e uma pessoa mais equilibrada, a segunda opção é natural. Lindsay Lohan não pensa assim e, por isso, berrou com Jessica[17] durante uma festa fantástica da revista *GQ*.

OS MELHORES

Kate Moss: Fiona Young passou sete anos trabalhando para a modelo britânica e, finalmente, pediu demissão porque ficou grávida e quis se tornar mãe em tempo integral. Embora Kate tenha admitido publicamente ter ficado chateada pela perda de sua assistente, ela entendeu a decisão de Fiona. Tanto que deu a ela um chá de bebê fantástico[18] com vários produtos doados pelas empresas que patrocinam a supermodelo. Depois, Kate fez uma homenagem à babá de sua filha, Mary Davidson (que, aliás, é também mãe da melhor amiga de Kate, a atriz Sadie Frost), assumindo seu lugar no dia do aniversário dela.[19] A babá foi passar o dia aproveitando um *brunch* com champanhe, enquanto Kate, supostamente, tomou conta da própria filha.

R.E.M.: Alguns jornalistas seriam capazes de matar para ter o mesmo acesso desfrutado pelos funcionários da banda. Nem sempre isso é positivo, especialmente quando significa que você é a pessoa mais próxima e pode ter um telefone celular atirado em você. Mas para David Belisle, que passou vários anos como assistente pessoal da banda R.E.M., esse acesso significou a possibilidade de tirar fotos exclusivas da banda. Belisle, cujo sonho era ser fotógrafo, trabalhou durante sete anos para o R.E.M. e, quando saiu, publicou suas imagens no livro, *R.E.M.: Hello*. O líder da banda, Michael Stipe, escreveu o prefácio[20] e até apareceu em algumas noites de autógrafos de Belisle para demonstrar seu apoio à obra.

Kate Bosworth: Muitos chefes e funcionários desenvolvem uma relação cordial e agradável, mas vez ou outra se tornam amigos para valer. Foi o que aconteceu entre a atriz Kate Bosworth e Jacqui Louez, que foi sua funcionário durante as filmagens de *Superman, O Retorno*. Elas se tornaram tão próximas[21] nesse período que continuaram a manter contato depois, e Kate viajou até a Austrália para ser madrinha no casamento da amiga e ex-assistente. Nesse caso, elas não apenas tornaram-se amigas como a estrela foi para os bastidores abrilhantar o dia especial da amiga.

Neil Gaiman: O famoso escritor de ficção científica com frequência usa seu blog para interagir com os fãs, conversar sobre novos projetos e falar um pouco sobre suas novas ideias. Às vezes ele cita sua assistente, Lorraine. Quando as pessoas perguntam sobre ela e querem saber como é seu trabalho, Neil deixa que fale por si própria e poste algumas mensagens no blog.[22] O fato é que o autor e sua assistente têm uma relação de admiração mútua. Lorraine, musicista e artista, gosta da liberdade que seu emprego lhe possibilita (ela precisa trabalhar um determinado número de horas por semana e divide esse tempo de acordo com os outros projetos que está tocando). Em contrapartida, Neil adora como ela é capaz de manter sua vida errática bem organizada. É ótimo ver que o relacionamento entre chefe e assistente pode ser tão positivo e agradável.

Chelsea Handler: A apresentadora e comediante Chelsea Handler adora incluir seu assistente pessoal, Chuy "Nugget" Bravo, em suas piadas e quadros (como ele é baixinho,[23] a maioria das brincadeiras tem a ver com seu tamanho. E quem não faria o mesmo?) Mas está claro que as piadas são todas inofensivas, pois quando se trata da carreira de Chuy, Chelsea demonstra estar sempre procurando ajudar. Chuy conseguiu fechar um contrato para escrever um livro[24] com a ajuda da chefe, que já publicou diversas coletâneas.

Bruce Springsteen: O amigo de toda uma vida e assistente pessoal Terry Magovern morreu em 2007 depois de lutar contra um câncer. Enquanto um chefe dos mais compassivos teria comparecido ao funeral ou enviado dinheiro para a família, Bruce foi um passo além: escreveu uma canção em homenagem ao amigo e assistente. A música *Terry's Song*[25] foi apresentada em um concerto em abril de 2008, no dia em que Terry faria 67 anos. Além disso, foi incluída como *bonus track* no álbum *Magic*.

Sarah Jessica Parker: Embora sua personagem Carrie Bradshaw agradeça a colaboração de sua funcionária comprando para ela uma bolsa supercara, a atriz Sarah Jessica Parker tem fama de oferecer recompensas mais pragmáticas. Em seu livro *The perfect scent* [O aroma perfeito], o perfumista Chandler Burr detalha o processo de criação, pela atriz, do perfume Lovely. Burr conheceu a funcionário da atriz, Melinda Relyea, e conta que ela se mostrou muito satisfeita e realizada no emprego. Melinda até conseguiu um crédito de produtora associada no filme *Sex and the city*.[26]

Stone Phillips: Quando o âncora Stone Phillips encerrou sua longa permanência no noticiário da NBC por cortes no orçamento da emissora, seu funcionário conseguiu permanecer na empresa. Stone podia apenas ter se retirado para sua casa de veraneio e aguardado o acordo com a emissora, mas antes comprou um carro para seu funcionário para recompensá-lo por todos os anos de bons serviços prestados.[27] Uma coisa é seu chefe lhe enviar um simpático cartão de aniversário; outra é ele agradecer publicamente por sua colaboração, apesar de nem ter mais a obrigação profissional de se relacionar com você.

Angelina Jolie: Considerando toda a fama e o dinheiro de Angelina Jolie, é fácil imaginar que ela poderia se comportar como uma diva total. Felizmente, porém, sua funcionária, Holly Goline, afirma que a atriz é uma ótima chefe. Ela e Angelina são boas amigas, e a funcionária sempre atua como um choque de realidade na vida de Angelina, que mais se parece com uma aventura maluca narrada pelos tabloides. Mas quão amigas elas são de fato? As duas ficaram grávidas (Angelina, dos gêmeos Knox e Vivienne) quase ao mesmo tempo[28] e posaram juntas para centenas de fotos em Cannes, usando vestidos brancos esvoaçantes quase iguais. Algumas fontes em Nova Orleans, onde Angelina e Brad Pitt têm casa, afirmam ver Angelina e Holly tomando um drinque juntas de vez em quando.

Bem, acontece que nem todo chefe do bem é uma celebridade e nem todo chefe legal tem condições financeiras de comprar um Audi como "presente de agradecimento" pelos bons serviços prestados. A seguir, alguns exemplos de gente "comum" que demonstra ser um chefe generoso:

Leonard Abess Jr.: Quando se aposentou de seu banco com sede em Miami, Abess vendeu a maioria de suas ações por 60 milhões de dólares. Embora pudesse ter usado o dinheiro simplesmente para comprar uma casa na praia ou um jatinho particular, Abess distribuiu bônus para todos os funcionários da companhia — inclusive, para vários que haviam se aposentado ou deixado a empresa havia pouco tempo. O valor do bônus não se baseou no cargo ocupado pelo funcionário, mas no tempo de serviço prestado ao banco. Em alguns casos, o bônus passou de cem mil dólares.[29]

Barry Dixon: Advogado de Syracuse, Nova York, Dixon passou a confiar cegamente em sua assistente, Pat Fowler.[30] Mesmo que um agradecimento a ela pudesse bastar, Dixon foi um pouco mais longe e escreveu um artigo em uma publicação local de negócios, elogiando o desempenho de Pat: "Eu tenho assinatura de revistas de vários setores, mas elas chegam à minha mesa analisadas e marcadas por Pat com canetas marca-texto", escreveu. "Acredite, ela tem opiniões consistentes mesmo em uma sala recheada de consultores."

Ian "Molly" Meldrum: Meldrum, produtor musical na Austrália, não podia nem pensar em ficar sem sua assistente, Yael Cohn, quando ela deu à luz seu bebê. Em vez de forçar a garota a escolher entre o trabalho e a família, ele remodelou seu estúdio para acolher o bebê de Yael.[31] Assim, ela podia levar a criança para o trabalho.

Além disso, Meldrum permitiu que ela montasse seu próprio horário, desde que tudo continuasse a funcionar bem como sempre.

Chris Jernigan: Alguns chefes demonstram seu agradecimento aos funcionários oferecendo presentes ou bônus. Chris Jernigan, diretor do Children and Family Services na Carolina do Norte, deu cinco passos além. Quando sua funcionário, Lisa White, precisou de um transplante de rim, ele testou sua compatibilidade genética e se certificou de que poderia ser um doador.[32] Depois da bem-sucedida cirurgia, os dois apareceram no programa *Good morning America*. Ao ser indagado sobre sua motivação, Jernigan respondeu: "Foi algo que eu pude fazer para ajudar uma boa amiga e funcionária".

Executivo anônimo: Quando as mega-agências William Morris e Endeavor fundiram-se em 2009, uma porção de funcionários — de assistentes para cargos acima — perdeu o emprego em uma reestruturação de cargos. A revista *Variety* fez uma reportagem sobre as demissões e citou determinado executivo. Ele disse que sua prioridade era ajudar a funcionária recém-demitida a conseguir um novo emprego.[33]

Capítulo 3

Os colegas do escritório

Se você não gosta do seu trabalho, não falte a ele.
Apenas vá até lá todos os dias e enrole.

—Homer Simpson
Da série de tevê *Os Simpsons*

Por que comentar sobre os chefes antes de falar dos colegas do escritório? Bem, a verdade é que a maioria dos funcionários passa grande parte do tempo trabalhando em contato direto ou indireto com o chefe. É ele quem determina suas prioridades e lhe dá as tarefas que irão fazer você circular pelo escritório ou trabalhar no computador o dia inteiro. Você passa tanto tempo com seu chefe — ao telefone com ele ou ouvindo seus gritos — que ele se torna seu principal foco na empresa. Além disso, sua relação com a autoridade é a mais frágil, turbulenta e perigosa — se você não se der bem com um colega de trabalho, isso é chato; mas se sua vida vai mal com o chefe, ele pode demiti-lo. Dito isso, há ainda um importante elenco ocupando o resto do escritório. Quanto mais você conhecer e se der bem com essas pessoas, melhor será seu dia a dia no trabalho. Caso seu superior seja um monstro maluco, contar com o apoio dos demais colegas fará maravilhas por sua motivação e bem-estar.

Antes de tudo, aqui estão as pessoas com as quais você deve manter boa sintonia, sempre cumprimentando-as quando encontrar pelos corredores:

A recepcionista — Você quer ter certeza de que quando um pacote importante chegar para você, será o primeiro a saber. Além disso, quando o cliente especial do seu chefe está chegando de uma viagem para uma visita ao escritório ou os filhos dele têm folga na escola e querem conhecer onde o pai trabalha, a recepcionista poderá garantir que todos recebam um tratamento especial.

O zelador/o pessoal da equipe de limpeza — O trabalho deles é terrivelmente ingrato: eles têm de limpar a sujeira deixada por todos no escritório. Além disso, você nunca sabe quando vai derramar café pelo lobby de entrada e ter de chamar urgentemente a equipe de limpeza para fazer aquilo desaparecer rapidamente.

O responsável pelo pagamento do seu salário — Por motivos óbvios.

O responsável pelo atendimento aos clientes — Por motivos óbvios.

Alguém que peça refeições no escritório — Principalmente se a pessoa entende bem os pedidos.

Alguém do RH — Caso você precise reclamar sobre as indiscrições de seu chefe, se você tiver empatia com alguém, isso lhe ajudará.

No entanto, são os outros funcionários da empresa que poderão ajudar você, compartilhar detalhes do dia a dia e ajudá-lo a resolver problemas inerentes a essa profissão. Mas, infelizmente, nem todos os profissionais sintonizam esse espírito de camaradagem, pois se sentem ameaçados quando percebem gente nova na equipe. Assim, alguns se dedicam a brincar de poderosos enquanto outros adoram puxar tapetes. Embora seja triste que essas pessoas percam a oportunidade de crescer profissionalmente trabalhando em equipe, não é raro encontrar tipos assim no escritório. Portanto, veja quais personagens estão à espreita em seu trabalho e trate de começar a fazer amizade.

A Sabe-Tudo: Ela pode realmente ser "sênior" ou apenas estar trabalhando há mais tempo do que todo mundo na empresa. De qualquer modo, ela é incrivelmente importante para o escritório e para você. A funcionário sênior pode estar oficialmente ou não encarregada de treinar os recém-contratados, mas mesmo que isso não faça parte das responsabilidades dela, ela pode ajudar dando apoio e liderando os novos funcionários. Pense em Joan Holloway na série *Mad Men* — ela conhece cada pequeno detalhe necessário à sobrevivência no escritório, dos hábitos de trabalho de cada um a fatos da vida pessoal, e irá compartilhar seu vasto conhecimento desde que você seja competente e não queira tomar a posição dela. Provavelmente, a funcionária sênior tem uma porção de tarefas para lhe ensinar, não apenas sobre como fazer seu trabalho, mas também sobre as complexas relações de poder subjacentes a todas as ações e decisões que ocorrem no escritório.

A Simpática: Toda vez que há uma festa ou um evento no escritório, essa colega ousada e sociável cuida da organização. Ela se lembra do aniversário das pessoas e passa um cartão para todos assinarem ou reúne o dinheiro com as pessoas para comprar um presente para enviar à colega que acabou de dar à luz. Ela é boa pessoa e deseja que todo mundo se sinta bem. Seja amigável, mas não apenas porque assim é mais provável que você ganhe uma caixa de bombons no seu aniversário.

A Baixo-Astral: Exatamente o oposto da Simpática, essa funcionária só fica satisfeita quando faz alguém se sentir miserável. Se você está excitado porque conseguiu um aumento de salário, ela faz questão de lembrar que, mesmo assim, você ainda recebe um salário inferior ao dela ou que você ainda está pagando o crédito estudantil e ela não. Uma verdadeira Baixo-Astral sabe como acabar com a alegria de qualquer situação. Você sempre tenta não convidá-la para a *happy hour*, mas ela descobre o encontro e aparece mesmo assim. Não se aflija com os comentários dela; ela deve ter motivos pessoais para invejar a felicidade alheia. Se quiser ajudar essa pessoa, tente conhecê-la fora do ambiente de trabalho.

O Crítico: Ele acredita que todo mundo quer saber o que ele pensa. Pode ser um contador ou um relações públicas iniciante; em seu emprego paralelo, ele é um crítico de cinema ou de música, de tevê, esportes ou teatro. Não há um dia em que não comente em voz alta

LIVROS RECOMENDADOS PARA FUNCIONÁRIOS

Anda precisando de algo para ler no metrô ou nas horas vagas? Estes são meus livros favoritos sobre o ambiente de trabalho (não se preocupe, não estou falando de *Quem mexeu no meu queijo?* ou *Qual a cor de seu paraquedas?*). Estes livros podem servir de inspiração para você tentar uma nova carreira ou, na pior das hipóteses, mostrar uma perspectiva diferente do buraco infernal em que você trabalha hoje.

Medo e submissão (Record, 2001), de Amélie Nothomb: uma jovem belga vai trabalhar como funcionária em uma empresa no Japão e pouco a pouco é rebaixada de cargos até se tornar faxineira de banheiros. É, ao mesmo tempo, engraçado, deprimente e repleto de questões inquietantes sobre por que deixamos nosso emprego nos definir como pessoa. ►

como o seriado *24 Horas* perdeu qualidade nessa temporada. Se ele fosse o diretor, faria muitas coisas diferentes. Se toda vez que ele começa com essa ladainha você tem vontade de fazê-lo se calar, tente ponderar que essa obsessão pela música ou pelo cinema talvez seja apenas um jeito que ele encontrou de tornar a vida chata dele mais interessante. Pratique a tolerância; ou é isso ou você pode colocar os fones de ouvido e deixá-lo falar.

O MEGA: Apesar de ser um funcionário como você, esse colega gosta de se comportar como se fosse um funcionário poderoso da empresa. Vai trabalhar de terno e gravata mesmo quando o escritório é informal, porque ele costuma dizer que "a gente deve se vestir para o emprego que quer ter, não para o que tem". Ele quer que as pessoas se refiram a ele como "senhor sobrenome", em vez de apenas por seu primeiro nome. Depois do trabalho, ele sempre comparece a eventos de network, como reuniões políticas ou eventos beneficentes.

E nós chegamos ao fim (Nova Fronteira, 2008), de Joshua Ferris: o livro de Ferris que recebeu o National Book Award se passa em uma agência de propaganda com sede em Chicago, acompanhando a monótona rotina diária de vários funcionários. E mostra como cada um reage quando um profissional mais amargurado enlouquece e vai longe demais.

Free food for millionaires [Comida grátis para milionários], de Min Jin Lee: ainda sem tradução para o português, este livro conta a história de uma garota de classe média que termina a faculdade e se muda para Nova York, pensando que será fácil encontrar um bom emprego. Todos os seus amigos ricos da faculdade usaram seus bons contatos para conseguir empregos confortáveis, mas ela consegue trabalhar somente em uma loja de chapéus. O texto

►

Esse complexo de "mega" às vezes pode fazer você pensar sobre o que realmente quer para sua própria vida. E, com essa motivação, talvez você se disponha a ir com ele àquela *happy hour* do Clube dos Futuros Executivos — e conheça alguns novos contatos.

O Ecológico: Cada um de nós precisa fazer sua parte para cuidar do planeta — isso é desnecessário dizer. Mas tem gente que leva suas preocupações ambientais ao extremo e começa a agir com devoção religiosa ao assunto. O Ecológico é o cara que segue os outros para ter certeza de que a pessoa vai jogar a latinha de alumínio no lixo reciclável e conta em voz alta quantas folhas de papel você pega para secar as mãos no banheiro. É legal ter uma assinatura de e-mail lembrando "por favor, pense verde antes de imprimir essa mensagem", mas enviar memorandos constantes sobre o assunto para todos no trabalho atrapalha o funcionamento do escritório. Quando o Ecológico está em posição de autoridade,

é muito bom e a heroína é plausível, mas pode deprimir um pouco se você se identificar demais com a história.

Personal days [Dias pessoais], de Ed Park: um por um, os funcionários de uma companhia não identificada de Nova York são demitidos. Um grupo de colegas reage alternadamente, às vezes de maneira patética e, às vezes, poética. Sob a narrativa, há um divertido elemento de mistérios. Ainda sem tradução para o português.

E-m@il (Bertrand Brasil, 2005), de Matt Beaumontt: uma novela sobre o ambiente de trabalho contada toda por e-mails. Poderia ter se tornado uma vergonha editorial, mas a sagacidade do autor e a caracterização tornaram o livro muito bom de ler. Está tudo ali, dos funcionários em disputa até o chefe drogado e as falsas amigas que incendeiam o ambiente de trabalho. A sequência do livro,

►

faz sermões sobre como tudo deveria ser "verde" e "orgânico", mas, em geral, não oferece soluções práticas para sua pregação. Quase sempre, o Ecológico entra fundo na área do "superzelo" com resultados até engraçados, como neste caso:

> *A empresa em que trabalho costumava dizer que todos precisávamos ser mais "verdes", mas acho que nem sabem o que isso realmente significa. "Ser verde" até apareceu em nosso planejamento anual, mas ninguém sabia dizer ou dar exemplos sobre como poderíamos agir de maneira mais ecológica. Acho que o pessoal da direção ouviu demais esses termos na tevê e quis parecer estar "na moda", então falava isso. Bem, eu levei um choque quando finalmente eles encontraram uma maneira de tornar o escritório "mais verde". Dependuraram diversos cartazes em cada sala que dispunha de uma impressora com os dizeres: "Seja responsável! Pense em quanto papel vai usar, seja verde!"*

intitulado *e-Squared*, também é hilário e atualiza a fórmula com a inclusão de tweets e mensagens instantâneas.

***I was told there'd be cak*e** [Disseram que haveria bolo], de Sloane Crosley: nesta coletânea de ensaios, o que trata do ambiente de trabalho, chamado *The Ursula cookie* [O cookie de Úrsula], já é bastante conhecido. Sloane descreve sua experiência como uma miserável funcionária, faz com que o leitor se torne cúmplice e sinta sua dor quando ela tenta cativar a chefe, preparando um bolo com o formato da cabeça dela. Ainda sem tradução para o português.

Cartas na rua (LP&M, 2011), de Charles Bukowski: se você gosta de livros tenebrosos sobre trabalho, então escolha este. Um alcoólatra mulherengo percebe que sua poesia não vai pagar as

►

Muito obrigada pelo "seja responsável", mas poderiam ter pensado nisso antes de imprimir todos aqueles cartazes em papel!

—Júlia, Nova York

O TECNOFÓBICO: Supostamente, o estereótipo nesse caso é o chefe ignorante em tecnologia que contrata um funcionário especialista para mexer com equipamentos, certo? Bem, esse funcionário, na verdade, sabe menos que o chefe, e é ele que todos os outros terão de ajudar. É como se ele fosse radioativo: o fax, que funcionava perfeitamente, começa a jorrar papel por toda a sala assim que ele aperta o botão "iniciar"; ou a máquina de expresso faz alguns barulhos estranhos quando o garoto põe a xícara para tirar um café. No fim, vale a pena o tempo extra que você passa tirando umas cópias a mais para ele, porque, pelo menos, não irá gastar uma hora tentando colocar o scanner para funcionar outra vez.

O FARMACÊUTICO: Tem sempre alguém no escritório com vocação para contrabandista de meio período: sejam cigarros, bebidas ou medicamentos. A menos que você seja uma pessoa toda certinha, esse cara já se tornou seu novo amigo favorito na empresa.

contas e arranja um emprego decente, como você pode imaginar, nos correios.

Do not deny me [Não me renegue], de Jean Thompson: a autora escreve contos bem estruturados sobre gente comum que vive uma rotina comum, mas sempre há algo mais sob a superfície. O destaque dessa seleção é o conto *Mr. Rat*, sobre um funcionário de baixo escalão de uma empresa exploradora que, finalmente, percebe que tem um dom especial para sobreviver no escritório. Ainda sem tradução para o português.

■

Apenas seja cuidadoso com sua amizade com o Farmacêutico. É bom tê-lo por perto, mas fique atento para não passar dos limites. Pior que isso, só se ele conseguir envolver você ou seu nome em alguma confusão, que pode acabar como nesta história:

Eu nunca vou me esquecer daquela mulher na festa de Natal da empresa há uns dois anos. Ai, meu Deus, ela estava hilária. Ficou bêbada no bar antes mesmo de a festa começar e então dava voltas no salão; insultou o cara que seria seu novo chefe e foi cada vez mais longe, mais longe. Foi a última festa em que a empresa ofereceu entretenimento aos funcionários, com uma banda, pista de dança e um quarto de hotel para cada um passar a noite. Depois disso, o máximo que fazem é nos levar para jantar.

A última vez que a vi, o marido a apoiava pela cintura para levá-la embora da festa. Na segunda-feira, quando chegamos ao escritório, um dos pés de seus sapatos estava esperando por ela sobre a mesa. Logo soubemos o que o sapato fazia lá: a pessoa a quem ela ainda se reportava colocou o sapato ali. Quando a garota apareceu para trabalhar, foi chamada pela chefe e demitida. Ela não trabalhou com o novo chefe nem por um único dia.

—Rina, Nova York

O Massagista: No meu primeiro emprego, havia um colega mais velho e meio abusado que estava sempre cumprimentando todos os funcionários (especialmente as garotas) com enormes abraços de urso. Aparentemente, era apenas um rapaz amigável, mas havia algo estranho nele. Claro, assim que se sentia desimpedido para abraçar você todos os dias, passava a oferecer massagem nas costas para "desestressar". O melhor a fazer é nunca aceitar nem o primeiro abraço — sim, pode parecer cruel, mas minta alegando que tem

DICA QUE VALE OURO: A CULPA DO SOBREVIVENTE

Quando metade da empresa já foi demitida e a gente continua lá, sente culpa pelo simples fato de ainda ter um emprego. Tudo fica ainda pior quando alguns dos demitidos são seus amigos ou pessoas com quem você se dava bem no trabalho. Você acaba obcecado, tentando entender por que demitiram profissionais mais qualificados, mais experientes e com mais gente para sustentar em casa do que você.

Dito isso, você acaba superando rapidamente toda essa culpa porque a empresa despeja sobre sua cabeça todo o trabalho que antes era feito por duas pessoas mais bem remuneradas. Só que você não recebe aumento, promoção e tampouco qualquer alteração de cargo na carteira profissional.

problemas de espaço pessoal ou pavor de germes. Se ele ficar incomodado com sua limitação, é provável que também nem tente vir com massagens, o que é uma vantagem.

A ESTRELA QUE ESTÁ AQUI SÓ ATÉ SER DESCOBERTA: Claro que não há nada de errado em ter ambições além de ser assistente — afinal de contas, quem quer passar a vida tirando cópias durante três horas por dia? No entanto, esse funcionário não quer ser promovido dentro do mesmo mercado em que está trabalhando. Ele diz a quem perguntar (e também a quem não perguntar) que está aguentando aquele emprego só até a carreira dele decolar como ator, músico, modelo ou cantor. Isso também quer dizer que ele sempre lhe envia e-mails convidando para você ir ver a banda, o show, a apresentação etc. Pode ser que isso aborreça você, mas não custa nada ser amigável com a pessoa por dois motivos: 1) ela pode conhecer mesmo gente legal e ainda convidar você para assistir à *première* de um concerto

DICA QUE VALE OURO: A TRISTEZA DO SÁBADO

Normalmente, quem trabalha adora os sábados. Há festas para ir, cervejas para beber e camas para dormir até tarde. Mas, quando a gente está procurando por um novo emprego, os sábados são um dia realmente deprimente. Já que todo mundo está descansando, isso significa que você terá de parar de procurar por 48 horas. Quando você está desesperado para conseguir um emprego (ou um novo, melhor do que o que você não aguenta mais), o sábado faz lembrar que seu telefone não está tocando com ligações de recrutadores, ninguém está atualizando os murais de vagas que você olha todos os dias e também que aquele currículo que você enviou por e-mail na sexta-feira vai estar por baixo da pilha na segunda pela manhã. Está na hora de sair um pouco de casa, ir se divertir e tentar não pensar em sua infrutífera busca por um novo emprego — se você conseguir.

que você estava louco para ir; e 2) se um dia ela se tornar um sucesso, vai poder dizer que a conhece desde o começo da carreira. Além disso, se ela estiver escrevendo um romance sobre o que acontece no escritório, garanta seu lugar entre os personagens do bem.

A Hipocondríaca: Em apenas dois meses no emprego, ela já usou todos os dias de folga por doença — se não é o resfriado, é a gripe ou a catapora (apesar de ela já ter dito a todo o mundo que teve catapora no ano passado). E mais, ela está convencida de que sofre da Síndrome do Túnel do Carpo e faz o gerente comprar para ela um fantástico teclado ergonômico. Isso para não falar que, por causa da sua Lesão por Esforço Repetitivo, a Hipocondríaca está sempre atrasada em aprender algo e espera a sua ajuda para agilizar a tarefa ou assumir logo o lugar dela para que possa ir para casa mais cedo — e, embora você esteja cheia de trabalho e tenha de ficar até mais tarde no escritório, ela vai fazer o possível para superar a culpa. Com certeza, ela nunca irá retribuir o favor.

A Detonadora: Não importa quantas tarefas maravilhosas você tenha realizado hoje, essa colega vai encontrar um meio para deprimi-la. Por exemplo, você está no refeitório contando a todos sobre aquele fantástico casaco da Collins que conseguiu comprar em um *outlet* por 80% a menos. Ao ouvir isso, a Detonadora consegue esvaziar a sala, dizendo que, embora o casaco seja mesmo bonito, é uma pena que aquela trama de xadrez deixe seus seios ainda menores. A melhor política é apenas ignorá-la. Especialmente se ela não entender que os comentários dela magoam e insistir que "está apenas tentando ajudar". Se a Detonadora estivesse em um *reality show,* seu slogan seria: "Não estou aqui para fazer amigos" ou "As pessoas não convivem bem comigo só porque eu digo a verdade". Diferente da Baixo Astral, que parece ser genuinamente uma pessoa miserável e não percebe o quanto é deprimente, a Detonadora sabe muito bem o que faz: ela usa seu humor cáustico para colocar você para baixo e inflar o próprio ego.

O Riquinho: Ele trabalha somente para se divertir e faz questão de lembrar você disso a todo momento. Embora desempenhe a mesma função que você, não precisa lidar com a rotina estressante de pagar contas, já que o papai e a mamãe pagam seu apartamento, seu carro e seu cartão de crédito. Enquanto os demais funcionários precisam se contentar com o visual que adquirem em brechós e liquidações, ele exibe roupas de grife diariamente. Além disso, o chefe é realmente simpático com ele, porque seu pai é bem relacionado e ninguém quer ofender investidores potenciais. Mas se o Riquinho for simpático e legal, fazer amizade com ele pode significar ser convidado para um camarote VIP em alguma festa cheia de glamour.

A seguir, uma de nossas colaboradoras dá um exemplo de um Riquinho antipático:

Eu trabalhei em uma ONG em Washington durante as férias antes de me formar e lá havia um colega que eu odiava. Ele era um carinha mimado, filho de um governador. Todos no escritório assinaram contrato para prestar serviços voluntários por no mínimo dois anos, mas o Riquinho conseguiu um acordo especial de apenas nove meses... Claro, isso se devia aos supercontatos do pai dele em Washington.

As mordomias do Riquinho não ficaram no contrato com prazo especial. Ele só ficava ao telefone — gastando o dinheiro dos contribuintes, sem fazer seu trabalho — com seus colegas de faculdade de Direito, reclamando que precisava de mais ajuda financeira e evocando o nome do pai para tentar conseguir mais dinheiro. Para piorar, ele abandonou o emprego com seis meses de casa, porque estava aborrecido com o trabalho e porque ia passar o verão na Europa. Obviamente, eu o odeio.

—Natalie, Washington, D.C.

A Eterna Noiva: Enquanto todos os outros funcionários estão batalhando por uma promoção ou um aumento de salário, essa garota parece que não está nem aí. Por quê? Ela pretende trabalhar somente até se casar e poder focar em sua missão de ter filhos. Pode ser até que ela nem esteja noiva e nem tenha um relacionamento duradouro — mas, cá entre nós, você não está aqui para julgá-la por suas escolhas de vida. Na verdade, ela está lhe fazendo um favor ao ser uma pessoa a menos na competição por uma promoção.

Embora você não tenha de se tornar amigo eterno de todos os colegas do escritório, precisa aprender como ser civilizado com todos

DICA QUE VALE OURO: AREJAR A MENTE

De vez em quando, você vai se sentir à beira de um ataque de nervos — está furioso com o que acontece naquele escritório e sente realmente vontade de começar a gritar e atirar objetos nos outros. Mas, como você é realmente muito responsável para agir assim, às vezes, a melhor maneira de lidar com isso é sair do ambiente por alguns minutos para espairecer e rapidamente superar o que tiver colocado você nesse estado mental negativo. Pode não ser uma sessão completa de terapia, mas alguns minutos fora do escritório ajudam a colocar as emoções no lugar. Afinal, você precisa subir as escadas correndo, voltar para sua mesa e terminar de confeccionar aqueles cartões de identificação para a recepção que seu chefe está organizando para amanhã.

e realizar seu trabalho da melhor maneira possível, sem causar encrencas ou criar inimigos.

A seguir, algumas dicas para você conseguir evitar os colegas que deixam você maluco e realmente criar boas relações com os que sente que podem se tornar amigos.

***

Não se relacione afetivamente com ninguém da empresa

Parece o modo mais fácil de conhecer pessoas, quando a gente passa pelo menos oito horas por dia ao lado delas no escritório, mas eu não canso de dizer: é uma péssima ideia transar com um colega. Se a pessoa é mais graduada ou é seu chefe, vocês dois estão colocando em risco a carreira ao ficar juntos. Se a pessoa é um colega do mesmo nível hierárquico, você corre o risco de misturar relacionamento e trabalho. Parece tentador transar com aquele cara bonitinho que conversa com você enquanto espera o café ficar pronto logo cedo e é fácil acreditar que vocês se conhecem muito bem, muito bem mesmo. Mas, na verdade, vocês só falam sobre as chatices do chefe, sobre aquela situação hilária que aconteceu durante o treinamento na empresa ou sobre a nova temporada do *Big Brother*. Se a sua paixão pelo colega não se abater, pelo menos tente passar mais tempo com ele fora da empresa, para descobrir como ele realmente é fora do ambiente seguro e familiar do escritório. Caso você insista nessa relação, o melhor conselho que posso dar é para que um de vocês — ou os dois — comece a olhar os anúncios classificados em busca de outro emprego. Pode doer, mas é o melhor para sua própria sanidade. Imagine a situação: você transa com esse cara lindo do café, e ele nunca mais aparece logo cedo na copa. Você não sentiria uma pequena onda de embaraço? Bom, transar com um colega é embaraçoso em dobro porque existe a realidade das políticas da empresa em RH, comportamento ético e, acima de tudo, haverá o mais puro constrangimento. Assistir muitos episódios da série *Grey's Anatomy* pode tê-la convencido de que é normal dormir com colegas do trabalho, mas é bom lembrar que você não é um personagem da tevê. Você é uma pessoa que está correndo o risco de se magoar, ser demitida — ou os dois, se não for cuidadosa em suas "atividades extracurriculares" com colegas de escritório.

Mesmo que acredite ser bastante inteligente e ache que vai conseguir esconder o caso e departamentalizar sua vida, não vai. Funciona assim: a melhor maneira de passar o tempo na empresa não é trabalhando — é fazendo fofoca. E o que pode ser melhor assunto para fofocas do que o *affair* entre dois colegas de trabalho que fazem "almoços demorados"? Não importa o quanto você disfarce, as pessoas vão saber — ou pelo menos, suspeitar — que você e seu colega estão saindo juntos. Eu trabalhei um tempo em uma empresa na qual dois colegas estavam tentando disfarçar que tinham um caso, mas o assunto veio à tona porque os dois chegavam e saíam do escritório sempre no mesmo horário, apesar de morarem em lados opostos da cidade. Resultado: um dia a maior fofoqueira do escritório caminhava para o metrô quando viu o casal suspeito se beijando em um carro que passou por ela. Eles foram desmascarados e, daquele dia em diante, ninguém mais no escritório levou os dois a sério — nem o trabalho que faziam. Umas semanas depois, ele pediu demissão e os dois ainda estão juntos. Moral da história? Namore ou trabalhe junto. Mas não tente fazer os dois ao mesmo tempo. Você vai se machucar. E vai dar uma confusão danada.

Organize a Patrulha da Ressaca

Todo mundo passa por aqueles dias em que entra no escritório com os olhos semiabertos e com dor de cabeça. Portanto, como grupo, tenham sempre à mão um pequeno estoque de energéticos, analgésicos e refrigerantes bons para reidratar. Quando alguém disser que está de ressaca porque bebeu muito, organizem-se em turnos para levar água, ver se está tudo bem e tomar conta do telefone se a pessoa precisar ir ao banheiro porque está passando mal. Lembrem sempre da Regra de Ouro do Escritório: faça pelos outros o que gostaria que fizessem por você.

DICA QUE VALE OURO: JUSTA CAUSA

Nos Estados Unidos, todo cidadão comum tem o direito de decretar a prisão de uma pessoa pega em flagrante delito — como roubo, furto ou vandalismo — e detê-la até a chegada de um policial para que os fatos sejam esclarecidos. Bom, eu penso que um sistema parecido deveria ser instituído nos escritórios. Existem casos em que a inépcia de um colega detona ou sabota repetidamente os projetos em que outras pessoas estão trabalhando. Mas o sujeito sempre consegue se safar da demissão. Em casos assim, os outros funcionários deveriam se juntar para detê-lo e confiscar suas canetas até a chegada de alguém com autoridade para resolver o problema.

Comece uma tradição

Quando eu estava no Império do Mal, os chefes tinham uma importante reunião todas as quartas-feiras à tarde. Como essa reunião significava que eles ficariam fora da empresa por cerca de três horas, os funcionários aproveitavam para pedir comida e almoçar juntos em alguma sala de reunião. Cada semana, experimentávamos uma refeição diferente e jogávamos conversa fora, falando sobre televisão, nossa vida sexual, família e as férias de alguém que acabara de voltar ao trabalho — basicamente tudo, menos trabalho (dito isso, exceções podem ser abertas para falar mal do chefe de alguém, especialmente se um dos funcionários souber imitá-lo perfeitamente). Embora a gente não saísse do escritório porque éramos paranoicos demais para abandonar os telefones e os computadores, tínhamos capacidade para fazer algo juntos além de montar apresentações em PowerPoint.

Em outros escritórios em que meus amigos ou eu trabalhamos depois, eram organizados clubes e torneios. Por exemplo, um campeonato de quem preparava o melhor *bloody mary* ou a organização de *happy hours* semanais. Deixe essas atividades surgirem espontaneamente; se somente você na turma gosta de romances raros, não tente forçar ninguém a aderir a um clube de leitura. Mas, se vários funcionários manifestam o desejo de aprender mais sobre vinhos, pode valer a pena organizar uma festa para degustação ou fazer um curso em grupo.

Não estresse se nem todos participarem

Eu tive sorte no Império do Mal porque a maioria dos funcionários era mulheres solteiras exatamente na minha faixa etária, mas nem todo escritório tem uma turma assim tão uniforme. Se pessoas casadas e com filhos não tiverem interesse em aderir às atividades do grupo porque precisam voltar para casa e para a família, não as faça se sentir culpadas dizendo que "todo mundo vai!". Entenda que as pessoas estão em diferentes momentos de vida e nem todos querem tornar-se amigos dos colegas de trabalho. Não leve para o lado pessoal, mas sempre deixe a porta aberta para quem quiser participar uma vez, mas não tiver a intenção de se tornar membro assíduo do clube.

Prefira conversar face a face

Há duas fortes e boas razões para você interagir pessoalmente com os colegas. Primeiro, isso força você a levantar um pouco e caminhar até a mesa de seu amigo — mesmo que sejam apenas dez metros, você estará dando um descanso às suas pobres pupilas ao tirar os olhos da tela do computador. Segundo, e mais importante, sempre recomendo que, se uma conversa tem algo de pessoal, embaraçoso ou que, por qualquer outro motivo, você não queira que seu chefe saiba, é mais inteligente falar off-line. Por quê? Bem, é muito bom que as empresas salvem todos os arquivos em seus servidores, mas isso inclui toda mensagem instantânea trocada e todos os blogs que você visita. Infelizmente, a companhia está no seu direito ao fazer isso — sendo assim, quem sabe você, em vez de escrever ao colega que seu chefe é um grande idiota, não vai até a mesa dele e verbaliza a opinião? Ashley e eu aprendemos isso da pior maneira possível: nosso chefe nos advertiu para passarmos menos tempo no serviço de mensagens instantâneas. Para nossa sorte, a gente falava mais dos filmes a assistir nos finais de semana do que sobre nossos chefes. Caso contrário, esse alerta poderia facilmente ter sido um aviso de demissão. Em outras palavras — não deixe evidências.

Estabeleça limites on-line

Você e seus colegas estão todos no Facebook, Twitter, LinkedIn e outras redes sociais, certo? A pior gafe social que você pode cometer é recusar a amizade solicitada por alguém que você vê todos os dias. Portanto, aceite todos os colegas on-line que solicitarem sua amizade. No entanto, essas amizades digitais têm seus limites e especificações. Quando você é amigo de verdade da pessoa fora do ambiente de trabalho e tem certeza absoluta de que pode confiar nela, seja verdadeiro e aberto. Mas com quem você mantém uma relação mais distante e ainda não considera um amigo (ou se seu chefe descobriu o Facebook!), pondere sobre a possibilidade de mudar suas regras de privacidade para que nem todo o mundo possa acessar certas informações. Você pode até ter duas contas no Facebook — uma para os contatos profissionais e outra pessoal. Assim, você poderá fazer networking na sua área e melhorar seus contatos profissionais além de postar fotos e atualizações sem se preocupar com sua imagem no escritório. Outra razão para ter uma conta no Facebook só para os melhores amigos: você pode postar mensagens sobre a chatice do trabalho ou sobre quem você não gosta no escritório com menos chances de a mensagem ser lida por quem não deveria. Como eu tenho somente uma conta no

Facebook e sou amiga de muita gente, em meu emprego anterior eu criei um código para meu chefe e tinha certeza de que apenas as pessoas mais próximas entendiam o significado daquele nome. Desse modo, quando postava algo sobre a "Sra. Bezerra" no meu status, os amigos mais queridos sabiam imediatamente que eu estava em um mau dia no trabalho, mas os outros ignoravam do que estava falando. E, ainda sobre este assunto...

Isso vale para o seu chefe também

O problema de ser um funcionário bastante comprometido com o trabalho, no qual você lida com todas as questões da vida do seu chefe, é que a gente pode ultrapassar o limite entre profissional e pessoal. Você pode achar que todos já sabem que seu chefe é sensível em relação ao tema calvície e, por isso, ele prefere receber o tônico capilar dele pelo correio em envelopes pardos. Mas pode ser que não seja bem esse o caso. Não arranje encrenca por ser linguarudo ou indiscreto, especialmente se o assunto não agrega nada ao trabalho. De fato, você pode usar essas fofocas a seu favor — não as repetindo por aí, mas mostrando a seu chefe que você não participa da falação pelos corredores. Ele vai apreciar o seu silêncio e perceber que você é confiável.

Faça o máximo que puder pelos outros... mas saiba colocar limites

Você quer que os outros ajudem você no escritório, então, precisa estar disposto a fazer o mesmo por eles. No final das contas, ser funcionário é saber dar e receber, e você não pretende ficar em uma proporção desequilibrada de favores. Caso esteja dizendo "sim" demais para os projetos alheios a ponto de seu próprio trabalho ficar em segundo plano, está na hora de dar um passo atrás

DICA QUE VALE OURO: DIA DO ESTRESSE

De vez em quando, você não sente vontade de tirar um dia de folga no trabalho porque se sente tão estressado que: a) comeu até ficar enjoado; b) bebeu até empapuçar ou c) não pode nem pensar na ideia de ir ao escritório? Bem, pelo menos, uma empresa entende isso. A Hime & Company,[1] companhia de pesquisa de mercado do Japão cuja equipe é toda formada por mulheres, oferece a suas funcionárias três dias de folga quando elas estão enfrentando essas crises de estresse. O gesto é apreciado e outras empresas de mais países deveriam adotar a iniciativa. Até lá, porém, você tem sorte se conseguir batalhar um dia de folga (além disso, a Hime — que quer dizer "princesa" em japonês — também oferece às funcionárias "os dias de compras", quando as lojas estão em liquidação. Vou dar um jeito de fazê-los abrir um escritório por aqui).

e redefinir as prioridades. Na hora de escolher entre ajudar duas pessoas, decida por aquela que já lhe deu uma boa ajuda no passado ou que pode lhe fazer um favor maior no futuro. Não se esqueça: embora manter boas relações com os colegas seja um ponto importante, salvar-se é ainda melhor.

Cuidado com as panelinhas

É normal gostar mais de uns colegas que de outros — você pode ter mais assuntos em comum com alguns, ser da mesma faixa etária ou ter interesses parecidos. Mas, apesar de você não ter de ser o melhor amigo de todo o mundo no escritório, tenha em mente que suas amizades mais próximas vão revelar como as pessoas percebem você na empresa. Lembre-se disso: não importa com quem você foi jantar ontem à noite ou com quem você se divertiu no final de semana passado, durante o expediente você precisa ser — primeiro e acima de tudo — profissional. Não permita que suas amizades extracurriculares impeçam você de tomar decisões positivas, úteis e benéficas no escritório. Não estou dizendo para você ter um comportamento bipolar, mas não se pode esquecer que o que faz no trabalho vai refletir sobre você mesmo. Se você tem amigos favoritos, vai conquistar também uns inimigos, e você não quer ofender ou abandonar ninguém. Se ficar realmente desesperada para contar para sua melhor amiga aquela fofoca, tente pelo menos segurar a informação até o horário do almoço. Se ela for sua amiga de verdade, vai entender.

Nessa questão, é bom também ficar atento ao fazer convites, especialmente se for convidar algumas pessoas e outras não. Uma *happy hour* é diferente, mas se você vai fazer um evento mais importante — como casamento ou chá de bebê — todos no escritório irão saber. Mesmo que seu melhor amigo no trabalho seja também seu melhor amigo na vida real, para manter tudo em paz é melhor adotar a política do "todos ou nenhum" na hora de fazer o convite aos colegas — ou seja, se convidar todo mundo, inclua aquele garoto com a tosse esquisita que distribui a correspondência ou a recepcionista mal-educada que a maioria odeia; e se não for convidar ninguém, siga à risca a decisão. Dependendo do tamanho da empresa, você pode decidir convidar todas as pessoas do seu departamento ou todos os funcionários — se você for coerente com a política que estabeleceu, dificilmente as pessoas ficarão chateadas. Mas, caso você fique preocupado em magoar alguns colegas com quem tem amizade, minha sugestão é que escreva uma carta pessoal — uma conversa face a face com cada um é o ideal, mas uma carta também resolve a questão —, explicando por que eles não serão convidados para seu casamento. Seja honesto: "Acho que ficaria realmente inapropriado convidar alguns colegas do trabalho e outros não. Embora eu considere você um amigo de verdade e gostaria muito de contar com sua participação lá, eu também não quero causar problemas ou ressentimentos com a equipe do escritório. Obrigado por compreender e, por favor, assim que eu voltar da lua de mel, quero sair para jantar com você". Certifique-se de prevenir seu amigo/colega antes de enviar os convites — uma coisa é saber de antemão que a gente não vai ser convidado para o evento e outra, bem diferente, é ir checar diariamente o correio à espera do convite e, por fim, descobrir que não será convidado.

Caso você decida convidar todos, estará fazendo quase uma aposta. Normalmente, são os melhores amigos que acabam decidindo participar do evento; a maioria das pessoas apenas quer ser convidada, sentir-se considerada. Se seu casamento for em outra cidade, elas não irão investir em passagens aéreas apenas para um final de semana. Além disso, você nunca sabe quem vai lhe dar um presente — essa pode ser uma oportunidade fácil para seu chefe tentar mostrar que é uma pessoa legal. Envie uma carta simpática de agradecimento a todos que presenciarem a cerimônia.

Descubra o que você faz melhor que os outros

Você pode estar gastando tanto tempo para entender como são seus colegas que ainda não conseguiu descobrir que tipo de funcionário você mesmo é. Preste atenção ao que as outras pessoas dizem sobre você e seu trabalho — já notou que é a primeira pessoa que os outros procuram para, digamos, sugerir o melhor local para um evento? Você é sempre chamado para conferir o relatório de prestação de contas dos outros porque é bom de matemática? Você é o colega em que os outros confiam para desabafar quando tiveram um péssimo dia no trabalho? Se tiver dificuldade para olhar em perspectiva ao que agrega de valor para a empresa, peça a um colega de confiança para lhe dizer pelo que é "conhecido" no escritório. Provavelmente, vai se surpreender com os ativos que os outros enxergam em você. Perceber como os colegas veem você pode trazer diversos efeitos positivos: 1) nos dias difíceis, faz bem lembrar suas contribuições para a equipe e que você é importante para manter o escritório funcionando diariamente; 2) quando seu chefe disser de novo que você é inútil, você terá algo de bom para dizer a ele; e 3) é sempre bom notar um talento ou uma habilidade que você nem sabia que tinha para servir como inspiração e motivação a fim de melhorar ainda mais.

Além do mais — e não quero ser muito fatalista ou algo no gênero, mas faz parte do negócio manter isso em mente —, saber no que você é realmente muito bom ajuda também quando a companhia está passando por reestruturações e pensa em mandar gente embora. Você será capaz de dizer com confiança: "Todos concordam que eu sou o melhor negociador do grupo. Fulano de Tal (o nome do seu chefe) me disse que ele nunca teria conquistado a conta 'X' se não fosse o meu apoio". Isso pode parecer pedante ou pretensioso a você, mas, infelizmente, a maioria dos executivos e outros superiores não conhecem bem as pessoas para avaliar o trabalho de cada um. Portanto, você terá de contar a eles sobre suas habilidades. Mesmo que seu emprego não esteja em risco, o mesmo tipo de informação será útil para conquistar uma promoção ou um aumento de salário.

Mantenha sua vida pessoal fora do computador do escritório

Sei que quando você está no trabalho checa, atualiza e acrescenta atividades constantemente na sua agenda do computador, o que direciona o seu dia a dia. No entanto, mantenha a sua vida pessoal fora daquela máquina. Nunca se esqueça que a empresa tem o direito de xeretar na sua agenda de trabalho e no seu e-mail do escritório. Caso você precise enviar um e-mail pessoal, use sua conta no Gmail ou, se a companhia bloqueia todos os serviços externos de correio eletrônico, espere até chegar em casa ou use o telefone ou as mensagens de texto do celular (é menos provável que a empresa registre e grave todas as suas conversas telefônicas). Eis uma história que pode servir de alerta sobre a agenda eletrônica do escritório:

> *Eu não pude acreditar quando a empresa em que trabalhava (um escritório de advocacia) demitiu uma das funcionárias um dia antes da festa anual de nossa equipe! Mas, quando descobri o que aconteceu, eu não pude culpá-los. Recentemente, Katie faltou várias vezes, alegando que estava doente. Todos achávamos que ela estava fingindo, porque ocorria sempre às sextas-feiras e, além disso, que funcionário nunca mentiu dizendo estar doente para tirar um dia de folga em favor da própria saúde mental? Bem, acontece que os chefes também suspeitaram dela. Olharam na agenda eletrônica do computador de Katie e as últimas duas sextas-feiras em que ela faltou estavam bloqueadas. Katie escreveu: "Ir para Washington visitar (o nome do namorado)". Como ela pôde ser tão irresponsável?*
>
> —Mark, Nova York

Não há problema algum mandar e-mails para seu endereço eletrônico pessoal se a política da empresa permite. Caso um contato profissional tenha se tornado um amigo ou você tenha criado um documento e gostaria de ter uma cópia para a próxima vez que tiver de escrever algo parecido, encaminhe a mensagem para sua casa. Você nunca sabe quando vai estar fora do escritório precisando daquela informação ou quando será mandado embora, e a presença do segurança não irá permitir que você entre no e-mail corporativo para resgatar arquivos úteis e enviar para sua casa.

Tenha um diário

Se você tem um problema recorrente no trabalho ou um colega cujo comportamento é bastante ofensivo ou danoso a você, mantenha um registro regular de tudo o que acontece e quando. Certa vez, trabalhei com um sujeito muito rude e que desprezava todas as mulheres com quem trabalhava — mas de modo sutil. Essa atitude dele caracterizava todas as nossas interações, embora ele não fosse o tipo de sexista óbvio capaz de dizer "As garotas são todas estúpidas e não podem tomar decisões". Ele sempre encontrava um meio insidioso de fazer pouco caso de mim e ignorar minhas ideias. Para ter certeza de que não era tudo maluquice da minha cabeça e que eu não estava exagerando sobre o comportamento dele, comecei a escrever breves descrições de como as coisas aconteciam. As minhas anotações foram úteis não apenas quando, depois, um grupo de colegas mulheres fez uma reclamação formal contra ele, mas relê-las também me ajudou a encontrar padrões em sua conduta para descobrir como responder àquele comportamento. Quando ele voltou a criticar minhas ideias em uma reunião, eu fui capaz de responder e forçá-lo a recuar de sua posição. Foi bem positivo.

Se mentir, minta pouco

Mesmo que você não seja um mentiroso habitual antes de entrar no emprego, muitos escritórios conseguem fazer com que a pessoa mais honesta comece a contar mentiras sociais para preservar a paz ou a sanidade mental. Por exemplo, a mentira pode ser: "Vou fazer isso agora mesmo" ou "Estou tratando desse assunto". Por mais que as mentiras sociais sejam ocasionais e esteja de acordo com elas, apenas fique alerta para que elas não comecem a se multiplicar. Por exemplo, não minta constantemente que tem um familiar doente de quem você precisa tomar conta (porque a gente nunca sabe quando vai contar uma história charmosa da nossa adolescência e acabar chamando aquele parente por outro nome ou dizer que ele morreu, quando ainda deveria estar vivo). Nem minta, por exemplo, a respeito de ser judeu para poder desfrutar a folga no Rosh Hashanah, porque pode ser surpreendido por seu chefe perguntando como será o seu Yom Kippur.

Abaixo está a história de um funcionário cuja mentira social foi boa na hora, mas poderia ter criado problemas no longo prazo:

> *Minha chefe tem um frigobar em seu escritório onde ela guarda o almoço, o iogurte ou qualquer outra coisa. Um dia ela me chamou na sala dela. Estava sentada em sua mesa, cheirando o bico de uma caixa de leite. Assim que eu entrei, ela enfiou a caixa no meu nariz e perguntou: 'Isso está azedo?' Fiquei tão enojada que respondi: 'Não'. Ela não se convenceu: 'Não sei, não. Isso está há tanto tempo no frigobar. Vai, experimenta e me diz se está estragado.' Eu não ia fazer aquilo de jeito nenhum. Então, disse: 'Desculpe, mas tenho intolerância a lactose.' Deu certo. Ela desistiu e colocou a caixinha de leite na lata de lixo.*
>
> —Chloe, Nova York

Embora a mentira de Chloe tenha sido esperta na hora porque a tirou da situação embaraçosa de experimentar para ver se o leite estava estragado, podia ter criado alguma confusão em longo prazo. O que aconteceria se depois a chefe dela a visse tomando sorvete de chocolate em uma festa de aniversário do escritório? Tenho esperança de que Chloe estaria pronta para se defender novamente...

O QUE SABER SOBRE O DIA DO ASSISTENTE ADMINISTRATIVO

Primeiramente, esse dia existe, sim! Há um dia especial (embora seja uma data comercial, quem liga?) para pessoas como você. Nos tempos anteriores ao politicamente correto, a data era conhecida como Dia da Secretária, mas mesmo depois da mudança de nome, em 1992, a ideia continua a mesma — cai no dia 30 de setembro e é o único dia do ano em que os chefes, supostamente, devem ser gratos às pessoas que atendem seus telefonemas, organizam suas agendas e mantêm tudo em ordem, impedindo que a vida deles se desintegre. No mundo ideal, eles deveriam agradecer aumentando seu salário e lhe dando um dia de folga. Doce sonho!

Já percebeu que seu chefe só se lembra do aniversário de casamento ou do aniversário dos filhos quando você marca as datas no calendário? Bem, vá em frente e tenha certeza de marcar também o Dia do Assistente. Se você achar que isso é um tanto pobre e mesquinho, saiba que não é. Entre as duas opções: "marcar no calendário e certificar-se" ou "sentar e esperar que ele se lembre", você deve escolher aquela que garantirá seu reconhecimento. Você também deve trocar informações com os outros funcionários do escritório para incentivá-lo — se seu chefe ouvir outro executivo comentando sobre o presente que vai dar ao funcionário dele, é mais provável que ele se sinta estimulado a: 1) lembrar que a data existe e; 2) comprar algum presente para você também. Boa parte do trabalho em uma empresa é se certificar de que a gente está no mesmo nível dos outros, e seu chefe provavelmente não vai querer fazer feio no Dia do Assistente. Até o mais insensível dos chefes sente que vai parecer um sujeito do mal se não lhe comprar nada — ele não liga a mínima se parece um chato para você, mas não quer ser visto assim pelos diretores, quando virem flores e presentes nas mesas de todos os funcionários, menos na sua. Caso você realmente acredite que seu chefe é um cabeça de vento total, pode tentar uma abordagem ainda mais óbvia. Por exemplo: "Oi (nome do chefe diabólico), posso fazer um almoço mais longo na quarta-feira? Todos vão comemorar o Dia do Assistente". Pode valer a tentativa.

No entanto, se seu chefe realmente esquece ou nem liga para nada, você não deve deixar que seu divertimento daquele dia dependa exclusivamente dele. Uma semana antes, comece a olhar nos jornais locais e nos sites da internet para ver quais são os eventos, descontos e promoções que estarão disponíveis na sua cidade para festejar o Dia do Assistente. Diversos restaurantes preparam almoços especiais e os bares dão desconto na *happy hour*; além disso, existem atividades divertidas nesse dia. De vez em quando, spas e salões de beleza também dão descontos. Nunca se sabe. Saia com um de seus colegas e aproveitem uma dessas promoções — afinal, o Dia do Assistente ocorre apenas uma vez por ano e é preciso tirar o melhor proveito disso.

Finalmente, o carma do bom funcionário não se resume a esperar um presente do chefe. É melhor assegurar a felicidade dos outros aguerridos que também sofrem com a falta de respeito e reconhecimento. Por exemplo, você pode fazer todo mundo assinar um cartão para a recepcionista que trabalha todo dia como funcionário, mas não tem um chefe direto de quem esperar um "mimo". Ou, talvez, assar uns bolinhos em casa e distribuir entre os estagiários: provavelmente, eles serão eternamente gratos não só por seu reconhecimento, mas pela dose extra de açúcar na hora do almoço.

Ah, além disso, existe também o Dia do Chefe. É em 18 de setembro. Dependendo do chefe eu não me preocuparia muito com a data...

TESTE: Você tem um colega tóxico?

Nem todo colega do escritório é uma pessoa legal e nem todos estão destinados a se tornar seu melhor amigo para sempre. Por sorte, ninguém exige que você tenha amizade com todo mundo com quem trabalha, mas apenas que seja educado com todos e faça bem o seu serviço. Ou seja, de vez em quando, um colega cruza a linha entre ser apenas chato e passa a puxar seu tapete. As questões a seguir vão ajudar você a identificar se o colega de quem menos gosta no escritório é um sujeito inofensivo, apenas uma espécie de praga, ou alguém tóxico com quem você deve manter os olhos abertos.

1. Quando você conta ao colega que recebeu um aumento, ele responde:

a. Maravilha! Estou orgulhoso de você!
b. Legal! Vamos sair para beber e comemorar. Vou deixar você pagar uma rodada, já que agora está rico.
c. Bom, não é? Eu também tive um. Acho que a empresa teve bons resultados nesse trimestre.
d. Ué, eu não sabia que eles estavam recompensando a mediocridade nessa empresa. Lembre-me de parar de me esforçar tanto.

2. Qual foi a pior coisa que esse colega já lhe fez?

a. Sem querer, esqueceu de copiar você em um e-mail importante.
b. Colocou perfume demais e deixou o seu cubículo cheirando o dia inteiro.
c. Foi a única pessoa no escritório que não assinou seu cartão de aniversário.
d. Disse a seu chefe que você é um grande preguiçoso e que a empresa estaria melhor se o demitisse.

3. Os pais de seu colega são de outro estado e estão conhecendo o escritório. Como ele apresenta você a eles?

a. Este é (seu nome), que trabalha em (o que você faz).
b. Este é (seu nome), assistente do (nome do seu chefe).
c. Este é (seu nome).
d. Nada, ele simplesmente passa direto por você.

4. Seu colega foi encarregado hoje de pedir os sanduíches de almoço para todos os funcionários. O seu lanche é o único que chega errado. Quando diz isso ao colega, ele responde:

a. Ah, desculpe. Ainda não mexi no meu sanduíche, quer trocar?
b. Desculpe, ninguém é perfeito. Você quer chamar a lanchonete e trocar? Coloque na conta da empresa.
c. Errei. É só você tirar o que não gosta.
d. Ah, você realmente não gosta? Pensei que estava fingindo.

5. Você foi convidado para a *happy hour* de aniversário de seu colega?

a. Sim, me convidou primeiro por e-mail e depois pessoalmente.
b. Sim, mandou um e-mail para todos os funcionários e eu estava incluído.
c. Sim, mas convidou você no último minuto.
d. Não, e quando você perguntou se ia fazer algo no dia do aniversário, ele mudou rapidamente de assunto.

6. Ontem você conseguiu escapar mais cedo para ir à sessão de estreia de um filme muito especial. Hoje, quando você chega no escritório, o colega diz:

a. Oi, seu chefe procurou ontem à noite por você. Eu disse que você estava cuidando de um problema imprevisto a pedido do CEO.

b. É verdade que Brad Pitt foi à *première*? Estou com inveja de você.
c. Como foi o filme?
d. Bom dia, senhor "Estou Acima das Regras".

7. Os funcionários estão planejando a festa de final de ano da empresa. O colega se oferece como voluntário para o quê?
a. Qualquer coisa que ninguém queira fazer.
b. Alguma coisa em que ele é realmente muito bom, como decorar o ambiente ou negociar com os fornecedores.
c. Qualquer coisa bem fácil que não exija mais esforços do que ele está disposto a fazer.
d. Nada, já que o diretor finalmente deu a ele uma tarefa. Isso não evitou que ele reclamasse a festa inteira como tudo estava chato e que poderia ter feito um trabalho muito melhor.

MAIORIA DE RESPOSTAS "A":

Seu colega é totalmente confiável. Ele ou ela parece ser realmente uma pessoa legal dentro e fora do escritório. Você precisa ser louco para não deixar essa pessoa fazer parte de seu círculo mais próximo no trabalho.

MAIORIA DE RESPOSTAS "B":

Esse colega parece ser uma pessoa legal e apoiadora. Definitivamente, pode convidar para o grupo da *happy hour* ou pedir conselhos nos projetos mais complexos. Você não precisa ficar o tempo todo imaginando se ele vai ser capaz de fazer uma sabotagem.

Maioria de respostas "c":

Aja com cautela. Pode ser que esse colega esteja sempre de mau humor porque tem um chefe terrível ou por causa de uma situação difícil em casa. Nesse caso, a maldade dele não é dirigida a você. Mesmo assim, nunca se sabe. Você deve ser educado com ele, mas fique de olhos abertos.

Maioria de respostas "d":

Agora é oficial — você tem um colega tóxico! A maldade dele vai arruinar seus melhores dias e tornar você ainda mais miserável nos piores momentos. Mantenha a maior distância possível dessa pessoa. Caso seja absolutamente necessário trabalhar junto, fique a pelo menos um metro de distância. Faça o que fizer, não caia na tentação de fofocar com esse colega nem forneça muitas informações pessoais, porque isso será usado contra você.

Capítulo 4

Entrar no emprego e sair dele

"O ser humano não foi feito para se sentar em cubículos olhando fixamente a tela do computador durante todo o dia, preenchendo formulários inúteis e ouvindo oito chefes diferentes declamarem frases sobre a missão da empresa."

—Frase do filme *Como enlouquecer seu chefe* (*Space office*)

Não confunda gostar de seus colegas com gostar de seu emprego e vice-versa. Esse é um estranho dilema para a gente pensar: boa parte da minha sobrevivência no Império do Mal se deu porque meus colegas funcionários eram legais e apoiadores, mas, por gostar demais deles, eu não saí daquele emprego tão depressa quanto deveria. Achava que, se saísse, nunca mais veria aquelas pessoas porque não teríamos mais nada em comum. Na verdade, o oposto é que estava certo: deixar o Império do Mal me encorajou a fortalecer o relacionamento com meus amigos. Como não nos víamos mais todos os dias, tivemos de nos esforçar para manter contato on-line e sair juntos para participar de eventos e festas. Além disso, todos acabamos saindo para diferentes empresas do setor, o que reforçou bastante a minha rede de contatos. Logo eu passei a conhecer pessoas de diversas empresas nas quais estava pensando em me candidatar a uma vaga e, então, podia ligar para meus amigos e pedir orientações e referências.

Permanecer em um emprego que você odeia por causa dos colegas de que gosta equivale a manter um namoro somente porque você não consegue se imaginar sem ter planos para os sábados à noite. Pode parecer assustador perder esses contatos amigáveis, mas se foram genuinamente construídas, as amizades irão sobreviver fora da empresa.

Comece um fundo "Faça bom proveito desse emprego"

Virginia Woolf escreveu certa vez que, se uma mulher pretende ser escritora (mais especificamente, se quer ser independente e se sustentar), ela precisa contar com seu dinheiro e um quarto próprio. A menos que você ainda esteja morando com seus pais, provavelmente já tem seu canto — um quarto ou até mesmo um apartamento — por conta própria. O que você não tem é muito dinheiro. É péssimo quando a gente tem de sobreviver com o salário miserável de assistente, mas nunca é demais enfatizar quão importante é fazer uma poupança própria — só para um caso de necessidade. Seja criativo com seu orçamento e tente separar um pouco de dinheiro, nem que sejam apenas cinquenta reais por mês. Defina a meta de levar um sanduíche de casa para almoçar uma vez por semana e separe os quinze reais que gastaria para aplicar. A partir de agora, essa conta de investimento vai passar a se chamar "Fundo Faça Bom Proveito Desse Emprego". Quanto mais dinheiro você conseguir economizar, mais vai poder pensar em seu emprego como uma etapa profissional, e não como a única opção para pagar as contas do mês.

Quantas vezes você já teve um dia horrível no trabalho, voltou para casa deprimido ou nervoso e depois caiu em si percebendo que não pode pedir demissão porque não tinha alternativa? Ter uma poupança vai ajudar a superar esse sentimento de desesperança. Você sabe por que as megaestrelas de Hollywood podem atuar somente nos filmes que querem? É porque têm dinheiro o bastante para não se sentirem obrigadas a trabalhar. Analisemos Julia Roberts, por exemplo. Agora que está casada, criando os filhos e tem dinheiro suficiente para viver com conforto para o resto da vida, ela não faz mais uma dúzia de filmes por ano. Ela trabalha em projetos que considera divertidos (como atuar com Clive Owen ou George Clooney — meu Deus!) ou pessoalmente significativos (produzir e estrelar a versão cinematográfica do livro *Comer, Rezar, Amar*). Embora provavelmente você nunca consiga tanto dinheiro como Julia Roberts, pode usá-la como exemplo de alguém que está em uma posição confortável para não ser obrigada a trabalhar com gente ou em projetos dos quais não gosta. Então, dê um jeito de montar seu "Fundo Faça Bom Proveito Desse Emprego" e você vai perceber que estará menos disposto a se colocar em situações profissionais degradantes ou injustas. Além do mais, caso seja surpreendido com uma demissão, não estará completamente arrasado em suas finanças. Assim, vai conseguir procurar por um novo emprego com mais tranquilidade e encontrar algo mais adequado à sua carreira em vez de aceitar a primeira posição que lhe oferecerem porque está desesperado pela falta de dinheiro, apesar de o trabalho estar longe do que considera ideal.

Quebre sua rotina

Isso provavelmente vai soar como uma ideia terrível, mas leia com atenção: pode ser legal você começar a acordar mais cedo. Eu também não sou uma pessoa matinal. Mas, quando a gente entra na rotina do emprego, fica muito fácil dividir a vida apenas em duas partes — trabalho e não trabalho. Uma vez que isso acontece, você se torna realmente previsível — come a mesma comida todos os dias no café da manhã, ao chegar no escritório cumpre religiosamente o ritual de tirar o casaco, tomar café e ligar o computador, além de assistir aos mesmos programas de televisão quando volta à noite para casa. Quanto mais monótonos seus dias se tornam, mais você cai na rotina, e, quando cai na rotina, torna-se mais difícil reconhecer os padrões de comportamento perigosos ou pouco saudáveis. Uma maneira simples de quebrar a rotina é, sim, acordar um pouco mais cedo. Pense nisso: quando você consegue fazer coisas legais para si mesmo antes de ir trabalhar, depois trabalha e sai do escritório para fazer mais coisas legais para você mesmo, conseguiu dividir sua vida em três partes, em vez de apenas duas. Mesmo que essa não seja uma grande mudança, vai ajudá-lo a perceber que o trabalho é um componente de sua vida e não a sua vida inteira. Faça exercícios, passeie mais tempo com seu cachorro, veja algo na tevê logo cedo, faça um café da manhã saudável, lave alguns daqueles pratos que você deixou sujos ontem à noite porque estava cansado, acesse um site de notícias, leve sua roupa à lavanderia — basicamente, faça algo que se sinta bem para começar o dia e que não tenha nada a ver com trabalho. Qual é a transição mais suave entre estar dormindo e estar acordado — conversar com alguém sobre cereais e suco de laranja ou devorar um pão de queijo enquanto seu chefe grita sobre todas as tarefas que você tem de fazer durante o dia? Essa é a ideia.

Avalie suas desculpas

O importante não é o fato de você não estar mais fazendo seu trabalho ou se tornando desleixado — é o porquê. Uma boa maneira de entender como você realmente se sente em relação a seu emprego é recuar um pouco e observar que tipo de desculpas anda dando a si mesmo para não completar suas tarefas. Você diz

DICA QUE VALE OURO: LEVE SEU AMIGO PARA UM DIA NO ESCRITÓRIO

De vez em quando, você e seus colegas acham que estão vivendo em uma bolha. Afinal de contas, quando a gente passa tanto tempo no trabalho, esquece que o resto do mundo não dá a mínima para nossos dramas diários e disputas mesquinhas. É por isso que é sempre bom levar gente nova para o escritório. Caso você tenha um amigo que ainda esteja sem emprego, desempregado momentaneamente ou que seja recém-formado, pergunte se ele gostaria de passar um tempo com você na empresa. Combine com o gerente administrativo — talvez você possa dizer que seu amigo vai fazer um estágio de um dia ou que está interessado em estudar o setor da empresa. Assim que tiver autorização (prometa manter seu amigo longe de questões confidenciais; pode ser até que ele tenha de assinar algum termo de responsabilidade), leve seu amigo com você por um dia. De algum modo, pode ajudar: enquanto ainda estava na faculdade, um amigo recém-formado deixou que eu o acompanhasse no trabalho em uma câmara de comércio. Isso me ensinou um pouco sobre um típico ambiente de trabalho, e eu ainda aprendi algo sobre a operação da câmara. Se você tem um amigo que pretende trabalhar no mesmo setor que você, com certeza, ele vai gostar de ser uma "mosca" por um dia. E sempre é bom contar com uma perspectiva externa sobre sua situação no trabalho — se alguém passa algumas horas em seu escritório e é capaz de diagnosticar que seu chefe é um grande cretino, então, provavelmente, você não está tendo alucinações diárias.

que vai fazer a tarefa no domingo à noite porque merece um final de semana tranquilo antes de reassumir o "modo trabalho"? Isso pode indicar que está precisando de um pouco de espaço ou que não está sabendo departamentalizar sua vida. Você diz para si mesmo que só vai começar uma tarefa depois da terceira xícara de café? Isso pode significar que você está aborrecido e procurando com o que se distrair. Analise a fundo o motivo de não querer fazer seu trabalho e isso poderá lhe ajudar a definir o que deveria estar fazendo. Então, você vai poder descobrir como se aproximar do que gostaria de realizar de verdade.

Faça avaliações criteriosas

Mesmo que seu emprego seja enfadonho, deve existir partes dele das quais gosta. Se você focar tão-somente em tudo o que odeia em seu trabalho, será difícil dar um passo atrás e perceber as habilidades que aprendeu ou os novos interesses que descobriu. Por exemplo, em um de meus empregos como assistente, tive de coordenar a festa para um VP que estava se aposentando. Nunca tinha feito nada parecido, mas como a funcionária que sempre cuidava das festas da empresa estava em licença maternidade, precisei assumir a tarefa. Bom, no final foi bem divertido. Adorei trabalhar com os fornecedores, escolher o local perfeito para o evento e organizar o cardápio (além disso, foi uma delícia poder escapar do escritório para "uma importante reunião sobre a festa" na qual tinha de experimentar canapés e drinques para decidir quais deles seriam servidos). Quando saí desse emprego, várias das posições para as quais me candidatei envolviam o planejamento de eventos, algo que jamais pensara antes. Quando estamos querendo sair do emprego, é sempre boa ideia pensar ampla e abertamente — você necessita ficar no mesmo setor ou há outras coisas que fariam você mais feliz, outras áreas que combinariam melhor com você? Vale a pena levar tudo isso em consideração. Por exemplo, uma amiga trabalhava no setor de publicações e estava mortalmente decidida a se esforçar muito para se tornar editora de livros. Mais tarde, porém, ela conheceu mais sobre o setor e percebeu que estava muito mais interessada em se tornar uma agente literária. Ela começou na carreira com uma ideia muito específica de sua trajetória, e depois descobriu que existiam muito mais oportunidades. Dê um tempo para pensar mais abertamente sobre sua profissão.

Faça uma faxina

Mesmo que você não seja um guardador compulsivo por natureza, todo escritório tem a tendência de se tornar uma pilha de lixo. É por isso que você tem uma mesa pequena — ou um cubículo — com toneladas de papel e sem lugar para guardar nada. Além disso, como passa a maior parte do tempo sentado, você também mantém um estoque de material de papelaria sempre à mão.

Sei que pode parecer meio tolo, mas eu realmente acredito que ter um espaço de trabalho desorganizado faz a gente ficar com a cabeça bagunçada. Se você se sente preso em uma armadilha no escritório, esse sentimento só aumenta quando você está cercado por pilhas de papel em toda sua mesa. Assim, enquanto não pode jogar fora aquela papelada dos projetos em andamento, tente utilizar uma hora por semana (ou mesmo alguns minutos por dia enquanto fala ao telefone, ou na hora do almoço) para se organizar da melhor maneira possível. Isso quer dizer arrumar tudo o que está se acumulando em seu cubículo desde sempre ou, pelo menos, encontrar um lugar para depositar toda aquela velharia de que você não precisa mais. Fazer uma faxina em seu espaço de trabalho vai ajudar a pôr ordem na sua mente.

Outro ponto para estar atento não é apenas a quantidade de tranqueiras que você tem sobre a mesa, mas que tipos de objetos estão lá. Se você tem bichinhos de pelúcia ou uma tigela com balas, considere seriamente a possibilidade de se livrar deles. Lois P. Frankel, autora do livro *Mulheres ousadas chegam mais longe* (Gente, 2005), observa que, quando a mesa de um funcionário tem muitos objetos pessoais, especialmente aqueles considerados "femininos" (como a tigela de balinhas), os colegas passam a ver essa pessoa como uma figura maternal e não conseguem imaginá-la ocupando um cargo de gerência ou outra posição de liderança. Não é sua culpa se você está sendo enfiada à força em um papel criado pelas percepções antiquadas dos outros sobre como deve ser o espaço de trabalho de um homem e de uma mulher, mas se estiver atenta a esse tipo de rotulagem vai ser capaz de mudá-la. Faça uma experiência — elimine o máximo de itens pessoais de seu espaço de trabalho e analise se tratam você de modo diferente. As pessoas baseiam suas impressões sobre você como profissional, mais pela sua mesa do que pelas roupas que veste ou por seu modo de falar. Portanto, faça o que puder para seu chefe não usar contra você aquela sua mania por canetinhas coloridas.

Faça uma revisão

Às vezes, quando a gente está se sentindo muito "sufocado" ou "em marasmo", ajuda bastante relembrar o passado. No fim das contas, como você pode saber para onde vai se não lembra mais por onde esteve? Se você tem um blog ou faz um diário, dê uma navegada nos textos que escreveu logo que entrou nesse emprego. Alguns vão fazer você rir ou se enraivecer em retrospecto, mas o ponto mais importante é que você perceba quanto realmente aprendeu nos últimos tempos. É difícil sair um pouco da monotonia diária do trabalho para ver o grande cenário. Você anda tão envolvido com telefonemas do dia a dia, reuniões e documentos que nem é capaz de olhar para sua carreira com objetividade. É por isso que manter um simples diário pode ser de grande ajuda durante o caminho. Quando estiver atualizando seu currículo e encontrar dificuldade para caracterizar a si mesmo como profissional, suas anotações irão oferecer todos os dados de que necessita.

O diário também ajuda a colocar tudo na devida perspectiva

Sempre que você tiver um dia horrível ou algo não sair como o planejado, pode ser útil olhar para trás e revisitar um momento em que você ainda não era tão bom no que faz. Ao conseguir meu primeiro emprego hierarquicamente acima de assistente, às vezes me sentia desencorajada quando uma de minhas ideias não era muito bem-vinda em uma reunião ou se meu chefe não se impressionasse com uma pauta sugerida por mim. Para sair do baixo-astral, bastava eu recordar minha experiência no Império do Mal — e convenhamos, ver uma ideia minha ser recebida com pouco entusiasmo é muito menos horrível do que levar um grampeador na testa. Ao me dar conta do quanto já evoluíra, eu me sentia muito satisfeita. A perspectiva pode fazer milagres desse tipo.

Escreva sua missão

Lembra-se quando teve de descrever a si como pessoa ao se candidatar a algumas vagas de emprego? Embora seja um grande desafio tentar descrever tudo de importante a seu respeito em duzentas palavras, esse é um bom exercício. Quando você está tentando entender se quer se manter no emprego, mudar de empresa ou fazer algo totalmente diferente da vida, um meio de começar esse processo é escrever sua missão. Pode ser apenas um parágrafo, ou algumas frases, no qual você defina quem é e, mais especificamente, o que deseja para a sua vida. Esqueça tópicos como "Eu quero ganhar muito dinheiro" ou "Eu quero ser promovido" — procure a sua mais pura essência. Por exemplo, eis a missão que escrevi para mim pouco antes de começar o site "Save the assistants":

O que sei com certeza é que quero ser uma escritora. Mas o que escrever significa para mim? Não quer dizer apenas sentar em uma sala e escrever histórias — quero escrever sobre temas que interessem aos outros e os ajude, dê apoio, propósito e significado. Primeiramente, minha meta é escrever na internet, já que esse é um meio acessível a pessoas do mundo inteiro.

Você pode perceber que na missão que escrevi há pontos específicos (escrever, a internet) e alguns vagos (ajudar as pessoas). Mas, quando coloquei esse parágrafo no papel, consegui consolidar exatamente a ideia do que queria conquistar com o site e com meus projetos futuros.

Sua missão deve ajudar você a perceber se quer se manter no setor em que está ou se prefere mudar para outra área do negócio no qual se sinta mais útil e inspirado. A missão deve ajudar a entender quais alternativas de carreira combinam melhor com você. Seja qual for o benefício, escrever sua missão é uma ótima maneira de chegar à essência de suas metas de carreira, já que elas podem divergir completamente de tudo o que você faz no seu trabalho.

Seja discreto ao procurar um novo emprego

Caso deseje procurar uma nova posição no mesmo setor em que trabalha, precisará ser muito discreto. Você não quer que nenhuma notícia sobre sua "deslealdade" chegue aos ouvidos de seu chefe. Em geral, simplesmente dizer "Minha empresa não sabe que estou em busca de outras oportunidades" no começo de uma entrevista de emprego é o suficiente para que as pessoas entendam que devem manter em sigilo o fato de você ter ido àquela reunião. Muita gente busca uma nova empresa enquanto ainda está empregado, não há motivo para se envergonhar. De fato, estar trabalhando quando se ouve uma oferta de emprego coloca as pessoas em uma posição mais confortável para negociar salário e outros benefícios, já que a nova empresa terá de "seduzi-las".

Se você confia bastante em algum colega de trabalho para comentar sobre sua busca por uma nova posição, deixe muito claro que vocês não devem conversar sobre o assunto no escritório. Se quiserem falar a respeito, saiam para almoçar juntos em um lugar afastado. Além disso, se pretende pedir a um colega para servir como referência em seu processo de seleção, consulte-o em particular — e, se possível, fora do trabalho. Verifique com essa pessoa qual informação de contato ela prefere fornecer a seu entrevistador — o telefone do escritório está fora de questão? Você deve informar o e-mail pessoal dela em vez do corporativo? A ideia é ajudar você a conseguir um novo emprego, não fazer seu colega perder o dele.

Leia a seguir a história de um funcionário em Hollywood que se encrencou durante sua busca por um novo emprego. Esse e-mail foi enviado pelo Agente A de uma Diabólica Agência de Hollywood para o Agente B de Outra Diabólica Agência de Hollywood. Os nomes foram trocados para proteger o culpado, mas a confusão é pública:

> *Olá, Miguel.*
>
> *Um de seus parceiros, o José, ofereceu emprego para um de meus dez trainees de agente, um rapaz chamado João. Aparentemente, José está procurando por um novo assistente e comentou com a irmã Maria, que trabalha conosco na produção, que então lhe sugeriu que conversasse com nosso empregado.*
>
> *Estou surpreso que José tenha feito a oferta a um de nossos empregados sem ter discutido a questão com você, parceiro dele, primeiro. Talvez José não esteja a par de nossa amizade. Ele deve ter ido recentemente ao evento X, mas não tive a oportunidade de conhecê-lo. Falando apenas por mim, eu jamais ofereceria uma*

posição a ninguém trabalhando com você sem discutir o assunto antes, fosse um agente ou um assistente. Eu pediria sua aprovação antes de fazer algo assim, mesmo que seu empregado tivesse tomado a iniciativa de me dizer que quer sair de sua agência. Se seu empregado se aproximasse de mim, direta ou indiretamente, eu ligaria para você para informá-lo a respeito.

Eu sugiro que José retire a oferta que fez o mais depressa possível, mas deixo a decisão para você e José. Espero ouvir sua resposta a respeito o mais depressa possível.

Abraço,

Joaquim

Também não se esqueça das regras sobre a amizade nas redes sociais. Se você tem amigos e colegas de trabalho entre seus contatos no Facebook, não atualize seu perfil, indicando que está em busca de emprego ou que participou de uma entrevista. No dia da reunião com o entrevistador, se você achar que seu visual ultraprofissional vai dar a perceber que você participou de entrevistas, considere a possibilidade de trocar de roupa no carro ou levar uma sacola de ginástica para se arrumar em outro lugar. Na pior das hipóteses, espere até passar pela porta para colocar a gravata e vestir o paletó. A última coisa que você quer é ser demitido antes de ouvir a proposta de um novo emprego.

Planeje o que vai dizer quando for questionado sobre o motivo que o leva a querer deixar o atual emprego

Embora seja enorme a tentação de responder "Estou saindo porque odeio meu chefe", resista ao impulso de falar mal de seu atual empregador, especialmente se a proposta for para o mesmo setor e estiver sendo entrevistado por pessoas que podem conhecer pessoalmente seu chefe. Arrume uma resposta padrão (porque eles sempre fazem essa pergunta em entrevistas, e você precisa estar pronto). Há um modo de ser honesto e justo. Por exemplo, tente "Eu não estou me sentindo desafiado, e realmente desejo um emprego com mais responsabilidades" como um eufemismo para a verdade: "Estou aborrecido até a alma e preciso de um emprego no qual eu faça mais do que o café". Ou, então, a alternativa: "Estou pronto para crescer, expandir meus horizontes e aprender mais sobre vendas (mídia, finanças, organizações sem fins lucrativos etc.)". Caso você esteja planejando mudar de setor, isso lhe proporciona uma resposta automática: "Gostaria de tentar um novo desafio" ou "Gostaria de tentar aplicar o que aprendi no setor X para tornar-me referência no setor Y".

Embora você fique tentado a reclamar de seu atual emprego, lembre-se de que a nova empresa pode imaginar você falando o mesmo dela se fosse contratado ou pode achar que você tem uma atitude negativa e não gostaria de trabalhar com você. Faça o entrevistador admirar você em vez de odiar o seu chefe.

Certa vez fui a uma entrevista, enquanto ainda trabalhava, e percebi que o Império do Mal tinha uma péssima reputação no setor. Na verdade, a fama da empresa era tão ruim que os próprios potenciais empregadores perguntavam a respeito daquele inferno. "Ah, você trabalha para essa empresa?", um entrevistador indagou, fazendo cara de quem estava com muita pena de mim, "como é lá?" Apesar de ficar tentada a contar todas as atrocidades do Império do Mal para limpar a minha barra e, também, para criar um vínculo com o entrevistador, eu resisti. Achei que uma não resposta, como "Ah, nunca tive um dia chato por lá" ou "Foi um primeiro emprego muito interessante", seria realmente mais relevante para meu potencial empregador do que falar mal do meu emprego. Eles admiraram minha discrição e perceberam que, caso me contratassem, poderiam confiar em mim. Eu não podia afirmar que o meu entrevistador realmente detestava o Império do Mal tanto quanto eu ou saber se estava apenas me testando para descobrir se eu era fofoqueira. Felizmente, não mordi a isca. Quando, por fim, a nova empresa me contratou, eu contei para as pessoas todas as histórias de horror do Império do Mal — mas somente depois de me sentir segura no novo emprego e confortável para compartilhar os fatos.

Crie sua estratégia de saída

Os personagens do excelente livro de Ed Park sobre o ambiente de trabalho, *Personal days* [Dias pessoais], têm cada um a sua própria "narrativa" de demissão — um cenário hipotético sobre o que vai acontecer no dia em que cada um sair da empresa.

Você também deve criar sua estratégia para quando chegar o abençoado dia em que irá embora. Você vai comunicar ao seu chefe simplesmente deixando uma carta de demissão sobre a mesa dele e partindo em silêncio? Irá cumprir aviso-prévio ou apenas dizer para seu chefe se virar porque você vai tirar umas férias mais do que merecidas? Sua "narrativa" deve se basear não em fantasias de vingança (por mais atraentes que sejam), mas no temperamento de seu chefe e nos hábitos normalmente praticados na empresa. Se a maneira usual de deixar o seu escritório é, primeiro, falar pessoalmente com o chefe e depois enviar um e-mail para a empresa inteira, faça isso. Mas pode acrescentar seu toque pessoal (mandando um e-mail sério para toda a empresa e um divertido para seus colegas mais próximos, por exemplo, pedindo que o gerente administrativo escreva o comunicado sobre sua saída); você ainda pode preparar um evento fora da empresa, uma festa de despedida ou fazer um almoço de cinco horas em seu último dia. Quando minha melhor amiga saiu do Império do Mal, ela quis que nós duas descêssemos juntas de elevador uma última vez pulando lá dentro como crianças (nós trabalhávamos no quadragésimo andar de um prédio enorme e, então, era uma longa descida). Simples, mas realmente divertido e libertador. Quando eu saí daquela empresa mais tarde, ela voltou para descer comigo pulando no elevador.

O QUE É A SÍNDROME DE ESTOCOLMO?

Existem algumas ocasiões de sequestro em que a vítima começa a sentir afeto ou simpatia pelo bandido. Às vezes, a pessoa se identifica com o sequestrador a ponto de ajudá-lo a cometer um crime ou defendê-lo depois que é libertada. De certo modo, ser funcionário é um pouco como ser sequestrado. Algumas vezes, o chefe prende você no escritório, fazendo-o trabalhar até tarde da noite ou nos finais de semana e nem o deixa sair da mesa para ir almoçar. No começo, você resiste: reclama para um supervisor, recusa-se a ficar até mais tarde a não ser que receba horas extras ou posta histórias de horror no site "Save the assistants" ou em outros blogs de apoio a funcionários. Mas, dali a pouco, o seu ímpeto some. Você se torna cúmplice. E, quando fica deprimido ou tem realmente um dia terrível no escritório, se pega pensando coisas do tipo "Meu chefe não gritaria tanto comigo se eu trabalhasse direito" ou "Já faz seis meses, eu não entendo o que estou fazendo errado nem por que não consigo melhorar". Parabéns, você está com a síndrome de Estocolmo.

Eu também já sofri desse mal. No final do meu período no Império do Mal, eu dormia apenas algumas horas por noite, perdi o apetite e, com frequência, dispensava os amigos que queriam sair comigo. Tinha todos os sintomas clássicos de depressão, mas, em vez de perceber que estava infeliz e devia fazer algo a respeito, eu segui em frente culpando a mim e perdoando meu chefe. Continuava achando que era uma falha minha não fazer direito meu trabalho, por não ficar até mais tarde todas as noites e por não chegar mais cedo todas as manhãs, além de não conseguir ler direito a mente do meu superior. Estava convencida de que os gritos, os berros e o comportamento abusivo do meu chefe eram causados pela minha incompetência. Por fim, um amigo disse que eu deveria procurar um psicoterapeuta. No começo eu resisti, mas, por fim, achei que aquilo poderia me ajudar a superar a insônia.

A psicoterapeuta era uma mulher agradável e vestia um bonito traje azul-marinho. Sentei em uma cadeira de seu consultório e comecei a falar do meu trabalho. De repente, todas as histórias começaram a surgir — eu simplesmente não conseguia parar de falar do meu emprego. Falei sobre todas as coisas horríveis que meu chefe já dissera, todas as vezes que eu voltara para casa em lágrimas. Eu falei por uns quarenta minutos, até que comecei a chorar sem parar. Ela me passou uns lenços de papel, deixou eu recuperar o fôlego e então disse: "Eu não conheço você muito bem, nem tampouco conheço seu chefe, mas se posso dar uma sugestão... acho que você deve sair desse emprego."

E, três semanas depois, eu fiz isso.

Por que foi preciso uma sessão de psicoterapia para eu finalmente perceber que o comportamento abusivo do meu chefe não era culpa minha? Acho que, no meu caso, eu precisei de uma opinião externa para verdadeiramente enxergar minha situação. Os outros funcionários eram legais e simpáticos, mas eles concordariam com minhas queixas, em qualquer situação. Meus amigos e minha família também ficariam do meu lado. Eu precisava de alguém que não me conhecesse e pudesse me dar uma análise franca e imparcial. Portanto, quando aquela mulher com um doutorado disse que eu precisava sair do meu emprego, acreditei que ela estava certa.

Se você acha que está com a síndrome de Estocolmo ou reconhece os sintomas em algum de seus colegas, não deixe isso de lado. O teste no final deste capítulo é um meio rápido de avaliar qual o seu nível de estresse e insatisfação. Se atingir uma pontuação alta, deve começar a pensar sobre o que irá fazer para salvar sua sanidade.

COMO FAZER NETWORKING SEM PARECER TOLO

No escritório, todo mundo fala a respeito de fazer networking. Existem festas e encontros reais e virtuais, todos os tipos de eventos organizados com o objetivo de colocar as pessoas em contato. Mas, a não ser que você já conheça um bom número de indivíduos que os frequentem, vai acabar de pé em um canto com um coquetel supercaro nas mãos, sem saber muito bem com quem falar e sobre o quê. É verdade que muita gente consegue emprego hoje em dia pela sua rede de contatos e não por anúncios classificados. E, se você não cresceu na cidade em que trabalha nem fez faculdade com todo o mundo, vai ter de procurar esses contatos. Quando me mudei para Nova York, eu conhecia exatamente uma pessoa — meu primo. Ele me apresentou para as pessoas que conhecia, mas tive de batalhar muito para fazer amigos e lapidar minha própria identidade. Quando você é novo em uma cidade, parece uma boa ideia participar dos eventos de networking anunciados nos jornais ou nos sites — mas, quando chega lá, é estranho e parece que todo mundo já se conhece, menos você. Como é possível conseguir entrar em círculos sociais já formados sem parecer desesperado? Além do mais, como você vai conseguir um emprego novo e melhor se não tem nenhuma conexão para ajudar?

Veja algumas sugestões para conhecer gente nova e interessante sem parecer tolo.

Admita a estranheza da situação

Se você acha que é a única pessoa circulando pelo evento, checando constantemente o celular e se sentindo um perdedor, não é. Encontre alguém encostado na parede com o olhar perdido e diga "oi". Para não assustar a pessoa, tente quebrar o gelo, admitindo que está pouco confortável com aquela coisa de "evento de networking". Por exemplo: "Ok, paguei oitenta reais para estar aqui e minha bebida parece aguada. E a sua?". Diga isso de maneira engraçada e autodepreciativa, não amarga, e provavelmente seu novo amigo concordará e dará uma risada. Além disso, admita que o networking em si é uma situação estranha: "Você não odeia eventos de networking? Eu me sinto como uma criancinha, como se minha mãe tivesse mandado eu ir lá fora brincar com as outras crianças. Ou seja, quero conhecer outras pessoas que trabalham em comunicação, mas esse é um jeito esquisito de fazer isso." Dê ênfase à palavra "trabalho", mas, ao se manter aberto e aceitar que todo o processo é mesmo um tanto estranho, vai conseguir quebrar o gelo proverbial.

Não discrimine os outros com base no cargo ou na empresa em que trabalham

Uma vez fui a uma festa com um grupo de pessoas que trabalhavam em uma revista. Um funcionário especialmente atrevido circulou pela sala inteira, perguntando aos convidados onde trabalhavam e, se ouvisse como resposta uma publicação pouco conhecida e sem circulação nacional, ele virava as costas e se afastava. No final da noite, ninguém queria falar com ele — as pessoas das publicações menos reconhecidas sentiram-se menosprezadas e descartadas, e quem trabalhava em revistas de grande visibilidade, com certeza, não queria se deixar usar por aquele funcionário. Faça o oposto desse funcionário bobo. Mesmo que seu sonho seja escrever para *O*

Estadão e você termine a noite conversando com uma garota muito legal que trabalha em um jornal de bairro, não a descarte de imediato apenas porque o contato não lhe interessa. Acima de tudo, ela pode ser uma pessoa legal e você vai gostar de ser amigo dela sem pensar em interesses profissionais; em segundo lugar, a gente nunca sabe aonde a carreira vai levar alguém. É uma visão limitada descartar uma pessoa que pode vir a se tornar seu chefe no futuro.

Uma meta para lembrar

Descubra ao menos um detalhe não profissional sobre cada pessoa com quem você trocar cartões de visita. Ninguém quer ser reduzido unicamente àquilo que faz para viver — especialmente os funcionários. Nesses eventos, falamos com uma porção de pessoas, mas é apenas com algumas delas que a conversa flui de maneira interessante. Com essas, alguns dias depois, você deve fazer um follow-up. Encontre algo novo para dizer e, então, envie uma mensagem como: "Olá, lembra-se de mim? Nós nos conhecemos naquele encontro para funcionários há alguns dias". Mas você quer que ela saiba que você se lembra dela como pessoa, não como um nome em um dos cartões de visita que você juntou durante o evento. Por exemplo, algo do gênero pode funcionar sem parecer pretensioso: "Oi, foi realmente legal conhecer você no encontro de funcionários na semana passada. Lembra que me contou que o VP da sua empresa tem a mania de morder a ponta da caneta durante reuniões importantes? Bem, meu chefe fez isso hoje em uma reunião — e espalhou tinta sobre a mesa e em toda papelada que ele estava lendo! Foi hilário, você ia se divertir!". Para conseguir isso, é bom fazer algumas anotações atrás dos cartões de visita das pessoas, especialmente se a sua memória for ruim ou se você bebeu uma taça a mais de champanhe naquela recepção.

Não exagere

Se você for de pessoa em pessoa distribuindo seu cartão, conversando dois minutos com cada uma e seguindo em frente, vai se sentir em uma sessão de *speed dating*. Como espera que se lembrem de você se o encontro foi tão curto que ninguém nem viu seu rosto direito? Não há nada pior que voltar para casa com um punhado de cartões e não reconhecer um único nome. Isso vai contra todos os objetivos do networking — você precisa conhecer pessoas interessantes e criar novos relacionamentos, não apenas enfiar seu cartão de visitas na mão do maior número possível de pessoas. Fazer networking não é entrar em um campeonato. Além do mais, as pessoas percebem quando alguém é ambicioso demais — e qual a vantagem de conhecer, sair junto ou fazer negócios com alguém interesseiro?

As metas são válidas, mas mantenha-as para si

As melhores metas para um evento de networking são as que dizem respeito apenas a nós mesmos. Um exemplo de meta ruim é algo como: "Eu preciso conhecer uma pessoa que trabalhe na empresa XYZ para conseguir entrar no show da banda WH, que eles estão patrocinando, pois os ingressos já estão esgotados nas bilheterias". Não há como fazer previsões tão precisas em meio a uma multidão e, caso sua meta seja assim tão hiperespecífica, vai correr o grande risco de não atingi-la. Uma meta mais razoável? "Preciso conseguir conversar com pelo menos três pessoas essa noite". Percebe? Essa é totalmente exequível — porque se trata apenas de você e sua habilidade de socializar. Caso seja tímido e queira tornar-se mais falante com gente que não conhece, sua meta pode ser começar a falar com uma pessoa completamente estranha. Mas, se acha que não consegue parar de falar sobre trabalho, sua meta pode ser limitar o papo "e então, o que você faz?" e começar a se interessar mais pelos hobbies e outras atividades extracurriculares das pessoas. Além do networking ajudá-lo a conhecer pessoas, você também pode usá-lo como uma boa oportunidade de observar como se comporta em situações profissionais. Você pode se autoconhecer bastante atentando para a maneira como lida com esses encontros.

Leve um amigo, mas não passe a noite toda com ele

Se você não tem coragem bastante para enfrentar um evento de networking sozinho, convide um amigo com interesses semelhantes para acompanhá-lo. No entanto, tenha em mente que levar alguém junto a um evento significa que vocês dois podem acabar passando a noite toda conversando sozinhos — o que é bem legal se gostarem da companhia um do outro, mas é menos provável que consigam conhecer gente nova. Os outros também podem sentir-se intimidados para se aproximar de duas pessoas que já estejam conversando animadamente — afinal, quem dá sinal para táxi ocupado? Caso seu amigo comece a conversar com alguém, você pode chegar perto e se apresentar, mas essa pode ser sua chance de dizer "oi" para a pessoa que está ao seu lado. Se a conversa não evoluir, você pode ir encontrar seu amigo, mas vocês dois devem objetivar ficar separados um pouco durante o evento. Situação ideal? Cada um dos dois conhece uma pessoa legal diferente e se encontram no final do evento para conversar como grupo.

Não fique bêbado

Claro, é muita tentação ver toda aquela bebida de graça passando na sua frente e não dar uma relaxada tomando alguns drinques, mas ficar bêbado é a última coisa de que você precisa em um evento de networking. Afinal de contas, você não quer que alguém que trabalha na empresa em que você almeja um emprego se lembre de você como "aquela garota que tomou todas e acabou caindo no meio do salão", quer? Embora não precise tratar um evento de networking exatamente como um ambiente de trabalho (ou seja, você pode tirar o paletó sufocante ou usar aqueles brincos estranhos), também não deve se comportar como se estivesse na balada com os amigos no sábado à noite. Tome um drinque ou dois para relaxar — ou aceite um se um amigo se oferecer para pagar —, mas isso é tudo. Especialmente porque a maioria dos eventos de networking começa logo depois da saída do escritório, o que significa que você não teve tempo para se alimentar. Com certeza, experimentar dois canapés e um par de bolinhas de queijo não pode ser considerado um jantar.

TESTE: QUAL É O SEU NÍVEL DE ESTRESSE?

1. Quando um colega diz amigavelmente "Bom dia!", enquanto você está fazendo café no escritório, sua resposta é:

a. Bom dia!
b. Olá.
c. Oi, Fulano! Você acha que finalmente poderia passar hoje aquelas informações sobre vendas? Meu chefe está cansado de pedir...
d. Nada — apenas gira os olhos nas órbitas.

2. Qual é o seu vício preferido no escritório?

a. Café.
b. Energético e chocolate.
c. Cigarros.
d. Calmantes.

3. O escritório está em reforma e a empresa está pagando hora extra para os funcionários que ajudarem a empacotar tudo no final de semana. Você topa participar?

a. Claro, vai ser ótimo contar com dinheiro extra.
b. Talvez, se algum amigo também topar.
c. Ok, mas você se reserva o direito de aparecer de ressaca e reclamar o dia inteiro.
d. De jeito nenhum e, quando a pessoa do RH chega para perguntar, você tapa os ouvidos e grita: "Não ouço você!".

4. Se fosse demitido hoje, como se sentiria?

a. Magoado. Você realmente não merece isso.
b. Ficaria triste, depois bravo e então seguiria em frente com a própria vida.
c. Ficaria preocupado, mas no fundo também aliviado.
d. Ia urrar de alegria e depois tirar uma soneca de duas semanas.

5. Qual é a primeira coisa que você faz ao chegar ao escritório pela manhã?

a. Checar a secretária eletrônica e o e-mail e depois preparar o café do jeito que seu chefe gosta.
b. Olhar na agenda e lembrar a tarefa mais importante do dia.
c. Checar seu e-mail pessoal e o Facebook.
d. Postar fofocas no Twitter.

6. Você já sonhou com o trabalho?

a. Não, você dorme profundamente e acorda renovado e em paz no dia seguinte.
b. Uma vez sonhou que estava no escritório e soou o alarme de incêndio, mas na verdade era o seu despertador tocando.

c. Já sonhou várias vezes com seu chefe e com outros colegas, mas eles não estavam no escritório; os sonhos se passavam na Amazônia ou no espaço sideral.
d. Sim, e foram todos pesadelos.

7. Você está no supermercado em um domingo de manhã e vê seu chefe entrar na loja. O que você faz?

a. Atravessa as gôndolas e vai dizer "oi" para ele.
b. Acena e sorri, mas só se ele vir você antes.
c. Esconde-se atrás da prateleira de cereais, torcendo para ele não ver você.
d. Corre para fora do supermercado gritando e larga para trás todas as suas compras.

8. Quando um amigo se candidata a uma vaga na empresa em que você trabalha e lhe pede uma recomendação, qual sua reação?

a. Claro, vai ficar contente de recomendá-lo. Vai ser legal trabalhar juntos.
b. Não sabe quanto vale a recomendação de um funcionário, mas com certeza escreve uma para o amigo.
c. Ok, mas se ele cair nas mãos daqueles chefes idiotas, não diga que não lhe avisou.
d. Ele ficou maluco?

Maioria de respostas "a":

Você ainda está brilhante e polido como uma moeda nova. Todos os dias no escritório são felizes e produtivos. Seus amigos têm inveja de você. Como os personagens da canção de John Mellencamp, Jack & Diane, mantenha-se com 16 anos o máximo que puder. Porque tudo pode mudar muito em breve.

Maioria de respostas "b":

Você está um pouco desapontado, mas demonstra atitude positiva a maior parte do tempo. De vez em quando você pode encarar um dia corrido no escritório ou lidar com um cliente estranho, porque provavelmente tudo irá acabar bem e você conseguirá manter sua sanidade. No entanto, se a correria e os clientes estranhos se tornarem mais frequentes, é bom ficar de olho.

Maioria de respostas "c":

Você se sente em um buraco profundo. É um estado perigoso, porque você não se sente péssimo o tempo todo; é mais provável que se sinta letárgico e aborrecido. Isso significa que você deve estar preso na rotina e está perdendo a visão de suas metas e ambições. Talvez esteja na hora de mudar tudo — não precisa, necessariamente, sair do emprego, mas tente mudar de departamento, assumir novos e diferentes projetos ou começar alguma atividade extracurricular que o deixe mais alerta e disposto.

Maioria de respostas "d":

Você deveria ter saído ontem desse emprego e, em seguida, entrado na psicoterapia. Definitivamente, você já cruzou a linha entre "meu emprego nem sempre é legal" e "meu emprego está fazendo minha vida perder valor". Uma vez que se chega a esse ponto sem retorno, nada que se faça nesse emprego — mesmo que seja uma fantástica promoção — pode ajudar. É melhor estancar o prejuízo e encontrar um emprego que não o estresse a ponto de enlouquecer.

Capítulo 5

Conquistando a promoção

O cérebro é um órgão maravilhoso. Começa a funcionar assim que a gente levanta de manhã e não para até a gente chegar ao escritório.

—Robert Frost
Poeta norte-americano (1874-1963)

Bem, durante todo esse tempo em que é funcionário, você tem "pago suas dívidas" e "aberto seu caminho a pontapés". Agora, começa a imaginar quantos anos isso ainda vai durar, até quando terá de marcar e desmarcar reuniões antes de ter a chance de mostrar que é capaz de muito mais. A verdade é que não existe fórmula mágica. Há pessoas que começam como assistentes e, por causa de reestruturações, demissões ou abertura de novas vagas, conseguem ser promovidas quase imediatamente. Outros precisam batalhar por alguns anos antes de conseguir uma posição melhor. Embora não exista um modo perfeito para gerenciar uma carreira, aqui estão algumas dicas que podem ajudar você a perceber se deve sair do seu emprego atual e buscar outro ou se deve continuar a investir na empresa em que trabalha.

Observe seus colegas e outras pessoas que trabalham no mesmo setor que você. Assim, pode perceber se existe um período médio para que um profissional seja promovido em sua área. Caso os últimos quatro ou cinco funcionários em sua empresa tenham demorado cerca de dois anos para serem promovidos, prepare-se para começar a sondar seu chefe, dizendo que quer assumir mais responsabilidades, somente após esse prazo desde sua contratação. Além de observar a duração desse período até a promoção, você pode prestar atenção também às circunstâncias em torno das promoções. Por exemplo, eles foram promovidos a uma vaga já existente agora em aberto? Passaram mais um ano como assistente sênior antes de chegar a gestor? Houve apenas alteração de nome do cargo e eles continuam envolvidos com o mesmo tipo de tarefa e projeto (mais conhecida como "promoção no papel")? Ou os profissionais promovidos foram instalados em novos escritórios e começaram imediatamente a gerir equipes? O histórico da sua empresa disponibiliza um bom cenário inicial para você visualizar quando e como será a sua promoção no futuro. Outro modo inteligente para traçar esse panorama é prestar atenção ao que acontece em companhias semelhantes — seja perguntando aos amigos sobre o padrão das promoções de assistentes nas empresas em que trabalham ou acompanhando os relatórios de "contratações e demissões" nos sites que cobrem o setor em que você atua. Ao final dessa análise, vai ser ótimo poder contar com um quadro geral para pensar em sua promoção nos seguintes termos: "De acordo com os sites X e Y, nos últimos cinco anos, em média, um funcionário levou cerca de 24 meses para ser promovido no setor de instituições sem fins lucrativos. Sendo assim, acho que uma promoção nesse período está em sintonia com as últimas tendências do setor."

Passe um tempo ao lado de quem já tem o emprego dos seus sonhos. Tente, pelo menos por um dia, acompanhar alguém que desempenha a função que você almeja — seja na empresa em que trabalha ou em outra. Embora você tenha uma imagem bem específica desse trabalho, podem existir aspectos que desconheça. Observar o que esse profissional realmente faz no dia a dia pode ajudar você não apenas a ter uma ideia mais realista sobre aquele cargo, mas também a verificar se tem as qualidades adequadas para ocupá-lo. Talvez fique surpreso com o que vai descobrir. O trabalho é mais agitado do que imaginara? Você tem inveja do salário daquele profissional, mas não gostaria de ter de ficar todo dia no trabalho até depois das oito da noite? Talvez seja preciso rever suas expectativas. Ou, pelo menos, você ficará menos surpreso quando aterrissar no emprego dos seus sonhos e tiver de fazer alguns ajustes em seu estilo de vida.

Leve em conta fatores externos, como a conjuntura econômica e as condições do setor da empresa em que trabalha. Como já dito antes, é legal saber o que as concorrentes — e o setor como um todo — estão fazendo no momento, assim você pode considerar essas informações ao planejar o próximo passo em sua carreira. Apesar de todo funcionário da sua companhia ter sido promovido em um período de dois anos até agora, é preciso levar em conta todo o contexto que possibilitou essa rotina. Por exemplo, todas essas promoções ocorreram em um momento em que a empresa registrava boa lucratividade? Se hoje em dia eles entraram no vermelho, não espere que esse padrão continue em voga. É uma pena que o momento não seja positivo para a empresa e nem que você não tenha sido contratado antes, mas ninguém é clarividente! O que você pode fazer, porém, é tirar o melhor da situação.

Você também deve tentar entender as tendências que afetam o setor que escolheu para trabalhar. Mesmo que sua companhia esteja muito bem financeiramente, isso não significa que os concorrentes

DICA QUE VALE OURO: O VISUAL "FUI!"

Uma vez que você já pediu demissão e está indo ao escritório nas próximas duas semanas somente para pegar suas coisas e treinar seu substituto, é tempo de se divertir, por exemplo, aproveitando para almoçar nos lugares que mais gosta acompanhado, a cada dia, de diferentes amigos para combinarem como irão manter contato daí para a frente. Agora é hora de usar suas roupas preferidas e talvez até mostrar aquelas tatuagens que você escondia.

também estão. É preciso ter uma visão realista do que se pode esperar para os próximos anos.

Decida exatamente o que "promoção" significa para você. Nem toda promoção ou mudança de cargo é simples e direta. Ser promovido não é como nos tempos da faculdade, quando se passa de "calouro" a "segundanista" e chega a "veterano" — a maioria das estruturas de cargos nas empresas não tem essa progressão linear. Depende de onde você trabalha — em alguns setores, de gerente de contas júnior passa-se a gerente de contas e, depois, a executivo de contas, sem atalhos pelo caminho. No entanto, atualmente as pessoas não se mantêm em uma única empresa durante toda a carreira. Além disso, alguns fatores devem ser considerados sobre o que exatamente irá significar ser promovido do cargo de assistente. Eis algumas perguntas que você deve fazer a si mesmo:

- Se você pudesse escolher entre ter um cargo com outro nome ou receber um salário melhor, com que alternativa ficaria?

- Quer ficar na mesma empresa em um cargo melhor na hierarquia ou estaria tudo bem mudar de empresa desde que fosse no mesmo setor?

- Está frustrado com a posição de funcionário por causa do seu chefe ou das tarefas que realiza diariamente? Estaria mais feliz se fosse funcionário de um profissional com quem se identificasse mais ou está simplesmente cansado de ser funcionário de modo geral?

- Conseguir um novo emprego resolveria todos os seus problemas de trabalho ou ainda haveria uma porção de pontos a melhorar?

- Caso sua maior preocupação seja ganhar mais dinheiro, qual o salário mínimo que aceitaria em um novo emprego?

- Se recebesse a oferta de um emprego legal, mas com um salário inferior, você aceitaria ou procuraria algo mais?

Responder a essas perguntas honestamente — e quero dizer realmente com honestidade, não apenas fingindo estar em uma entrevista de emprego — representará grande ajuda para você definir o próximo passo em sua carreira. Mudar de empresa ou buscar uma promoção é muito diferente de procurar o primeiro emprego, quando você envia currículo para toda vaga anunciada nos classificados às vezes sem nem estar qualificado para a posição. Agora que já arrumou seu primeiro trabalho, deve ter mais discernimento e perspicácia para encontrar o segundo. Afinal de contas, você está construindo uma carreira, e cada emprego que assume é determinante nessa trajetória. O que é mais importante para você — dinheiro, prestígio, responsabilidade, título ou um ambiente positivo na empresa? Se achar necessário, faça uma lista em ordem de prioridade dos pontos que considera mais importantes para seu próximo emprego. Assim, quando receber uma oferta, poderá compará-la com sua lista de prioridades. Nem todo emprego irá se encaixar perfeitamente aos tópicos do "cargo dos sonhos", mas isso ajuda a definir qual combina mais com você. Pagar suas dívidas só faz sentido quando você recebe algo bom em troca.

Se você entrou na rotina, saia dela. É fácil ficar aborrecido ou tornar-se complacente quando se está há alguns anos no mesmo emprego, especialmente se sua rotina diária não muda muito. Sabe quando se assiste ao programa *American Idol* e somente consegue se lembrar da performance do último candidato, e nem sabe mais quem se apresentou primeiro? Bem, se você está sendo cogitado para uma promoção, não se esqueça de que as pessoas que tomam a decisão têm memória curta — ou seja, você pode ter sido uma estrela do rock a vida inteira, mas se ficou pouco inspirado e desatento nos últimos dois meses, é disso que as pessoas vão se lembrar. É a verdade. Portanto, se você anda se sentindo entediado ultimamente, tente encontrar uma maneira de fazer pequenas mudanças no escritório — você vai efetuar as mesmas tarefas, mas com uma abordagem diferente: talvez uma reorganização em sua agenda seja útil. Em vez de fazer reuniões pela manhã, quando ainda está na primeira xícara de café, mude essas conversas para o final da tarde, quando está mais alerta e capaz de dizer algo brilhante. Se você não conseguir ser promovido agora, terá de encontrar um modo de se manter em seu atual cargo. Infelizmente, isso é algo que você precisa fazer sozinho, sem ajuda do seu chefe ou de mais ninguém. Veja o lado positivo: você poderá dizer a si mesmo que tem "iniciativa própria".

Caso a sua rotina diária seja inflexível pelos hábitos de seu chefe, por causa dos protocolos internos da empresa ou por qualquer outro fator externo e que esteja fora do seu controle, sugiro reorganizar o seu cubículo de trabalho. Pode parecer um tanto ingênuo, mas olhar diariamente para a mesma paisagem é cansativo. Não precisa mudar a posição dos móveis arbitrariamente a ponto de nem encontrar mais nada, mas pense em colocar fotografias diferentes, jogar fora algumas bugigangas, livrar-se de toda aquela papelada obsoleta (ao menos, enfiando tudo em um armário) ou limpar um pouco do lixo acumulado e passar desinfetante em tudo. Além disso, se você sente

DICA QUE VALE OURO: MALUQUICE TOTAL

Você já deve ter ouvido falar na série de assassinatos cometidos nos escritórios dos correios nos Estados Unidos,* quando uma porção de funcionários enlouqueceu e começou a matar as pessoas. Bem, a loucura do funcionário é parecida. Se você suspeita que pode enlouquecer, está na hora de pedir um dia de folga, fazer aquilo de que gosta ou marcar uma massagem — tudo que ajude você a relaxar e desestressar. Você não quer acabar como a assistente Natavia Lowery, que ficou tão enlouquecida com sua chefe, a empresária dos Ramones e corretora de imóveis Linda Stein, que pegou um bastão de ginástica e bateu nela até matá-la.[1] A única coisa pior que ser assistente é ir para a cadeia.

* Referência à série de episódios de assassinatos cometidos por funcionários dos Correios dos Estados Unidos, que teve início em 1986 na cidade de Edmond, em Oklahoma (N.T.)

que seu punho está sempre doendo ou ouve um estalos no pescoço depois de passar um dia inteiro enviando e-mails, aproveite a oportunidade para melhorar a posição de seu computador e compre um encosto mais confortável para a sua cadeira.

Pense na possibilidade de voltar a estudar. Caso sinta que precisa dar um tempo do mercado de trabalho ou melhorar sua formação e treinamento para concorrer com outros candidatos que disputam as mesmas vagas que você quer, pense em retomar os estudos. A partir de determinado nível hierárquico todos têm MBA na sua empresa? Isso pode significar que, se quiser continuar lá, terá de melhorar sua formação também. Descubra se a companhia pagaria seu curso, ao menos parcialmente, caso você escolha voltar a estudar à noite. Você pode pensar também em obter uma certificação técnica específica do setor de sua empresa — por exemplo, gestão de instituições sem fins lucrativos ou tecnologia da informação. Qualquer atividade que lhe proporcione uma vantagem extra — e dê ao seu cérebro algo em que pensar além das reuniões que precisa remarcar ou da quantidade de açúcar que seu chefe gosta no café. Isso pode fazer um bem enorme para seu emprego e para sua vida.

Analise detalhadamente suas opções dentro e fora da empresa. Uma promoção não acontece se não houver uma posição vaga. Certa vez trabalhei como assistente editorial em um site no qual a maioria dos funcionários já trabalhava há pelo menos cinco anos. Embora essa informação tenha me deixado tremendamente encorajada assim que me contrataram, porque demonstrava que os funcionários realmente gostavam de trabalhar lá, tornou-se um problema quando percebi que minhas chances de ser promovida seriam mínimas — se ninguém saía, não haveria vaga para eu passar a ocupar. Por fim, eu entendi que o único modo de conseguir avançar em minha carreira e conseguir um salário mais alto era sair da empresa e ir para outra.

Apesar de ter sido chato deixar os colegas para trás — que se tornaram uma família para mim —, quando comecei no novo emprego, que atendia a mais prioridades da minha lista (promoção de cargo, salário mais alto, projetos mais interessantes e horário flexível), tive certeza de que fizera a aposta certa. Além do mais, não foi como se eu tivesse mudado de cidade — meus ex-colegas estavam sempre prontos para sair comigo depois do trabalho. E nós ainda conseguimos almoçar juntos de vez em quando embora não sentemos mais lado a lado no escritório.

Examine a trajetória de carreira de seu chefe. Se ele passou uns dez anos trabalhando como escravo no setor de distribuição de correspondência, há grande chance de que acredite que você deve seguir o mesmo percurso. Isso não significa que ele ache você muito ambicioso ou que ainda não merece ser promovido — quer dizer apenas que ele veio de uma perspectiva realmente diferente da sua. Talvez ele tenha entrado no mercado de trabalho quando o setor tinha uma estrutura hierárquica diferente ou a economia não estava com bom desempenho. Se seu chefe é mulher ou faz parte de uma minoria, é possível que ela tenha precisado lidar com racismo e sexismo, o que sempre dificulta a trajetória de uma carreira. Se quer que seu chefe ajude você a ser promovido e o apoie em suas aspirações, deixe claro que, embora respeite o percurso dele, você sabe que agora tudo é diferente, tem outros planos em mente e, por isso, gostaria de contar com a orientação dele.

***

Se você se sentir confortável, combine uma conversa séria com seu chefe sobre esse assunto. Sabe quando começamos a sair com alguém e, depois de um tempo, precisa ter aquela conversa do tipo: "O que há entre nós dois?", "Somos exclusivos um do outro?" Meu amigo Michael — que fez o design original do site "Save the assistants" — costuma chamar isso de "Conversa sobre o Estado da União". Essas conversas não são a melhor parte de um relacionamento, mas às vezes é preciso ter certeza de que os dois estão falando a mesma língua.

Caso seu chefe não seja uma diva absoluta ou um ditador megalomaníaco, e se vocês têm uma relação de trabalho decente, vale a pena ter uma conversa séria a respeito de suas pretensões para a sua carreira e sobre que passos ele acha que você poderia dar a seguir — é a versão profissional da "Conversa sobre o Estado da União". Não é preciso puxar o saco ou elogiá-lo impensadamente, mas se existem pontos honestos e concretos para falar sobre o trabalho dele, esse é o momento de falar, por exemplo: "Algo que eu aprendi com você foi a importância de não me envolver na politicagem do escritório, e isso tem me ajudado bastante". Você deve deixar claro para seu chefe por que decidiu pedir ajuda e conselho a ele e se existe algo específico que gostaria que ele fizesse por você. Pedir ajuda de alguém é uma coisa, mas mostrar a ela como você pode ser ajudado é muito melhor. As pessoas — principalmente aquelas muito ocupadas e que têm a própria carreira para se preocupar — sempre precisam de um pouco de direcionamento. A intenção delas pode ser ótima, mas não custa ser explícito sobre o que gostaria que fizessem por você.

Defina os seus limites. Se a sua prioridade não é mudar de emprego, mas ir embora e nunca mais voltar, então, precisa determinar até que ponto pode aguentar. Não é possível prever como e quando seu chefe vai dizer algo ofensivo ou fora dos limites, que faça finalmente você tomar a decisão de sair da empresa. Mas você pode definir previamente de quais pontos você não passaria. Por exemplo, você iria embora se seu chefe lhe pedisse para fazer algo ilegal? Você perderia a cabeça se seu chefe ofendesse sua raça, religião, orientação sexual ou gênero? Defina antes seus limites e depois mantenha-se firme na decisão. De vez em quando, acontece a epifania do pedido de demissão, como aconteceu com a funcionária que conta o seguinte caso:

> *Eu estava trabalhando como assistente pessoal do editor de uma revista. O homem não tinha a mínima noção de limites. Ele me obrigava a fazer coisas como dizer a sua namorada que estava muito ocupado para falar ao telefone porque achava que essas demonstrações de poder a deixavam mais apaixonada. Um dia, ele me ligou logo cedo, quando eu estava indo para o trabalho. Pediu que eu fosse ao apartamento dele em vez de para o escritório. Segundo ele, "era uma emergência". Então, fui para o apartamento dele. Quando cheguei*

lá, ele estava de pijamas. A "emergência"? Ele não conseguia encontrar os óculos. Aparentemente, ele fica completamente cego sem eles! Depois de dar uma rápida olhada em seu quarto, encontrei os óculos em um vão entre a cama e o armário. Ele vivia me dizendo que haveria coisas mais interessantes (leia-se: "relacionadas à revista") para eu fazer, mas nunca cumpriu a promessa. Eu pedi demissão naquele mesmo dia, quando me dei conta de que, se continuasse lá, seria sempre a "procuradora-de-óculos" e que ele não tinha absolutamente nenhuma intenção de me oferecer trabalho editorial.

—Daisy, Nova York

DICA QUE VALE OURO: AMARGURA PÓS-TRAUMÁTICA

Em 2009, o psiquiatra alemão doutor Michael Linden cunhou o termo que descreve como os trabalhadores se sentem ao lidar com o desapontamento e a rejeição. Semelhante à Desordem do Estresse Pós-Traumático, a Desordem da Amargura Pós-Traumática (DAPT) ocorre quando a pessoa passa por um trauma. O doutor Linden descreve essa condição como uma combinação de raiva e desesperança — por exemplo, quando você é um funcionário e se vê forçado a exercer dupla função, trabalhando sessenta horas por semana sem receber nada a mais por isso. Pode ser que você sofra de DAPT porque, afinal, fica tremendamente agitado diante da injustiça, mas não pode fazer nada porque há razões que o impedem, como as contas para pagar, por exemplo. O doutor Linden observa que "em vez de lidar com esse sentimento de perda com a ajuda da família e dos amigos, a pessoa não consegue se livrar do sentimento de vitimização. Imediatamente depois do evento traumático, a pessoa se torna raivosa, pessimista, agressiva e sente um ódio desesperançado".

Pense em um Plano B. Suponha que sua empresa tenha passado por uma enorme onda de demissões — se você escapou, provavelmente está tão ocupado demonstrando gratidão por ainda ter um emprego que nem tem tempo de se lembrar de seu plano para ser promovido. Ou talvez seu chefe tenha prometido que você será promovido em seis meses, quando alguém sair da empresa ou entrar aquela nova conta de um grande cliente. Seja o que for, você não pode dependurar todas as suas esperanças em algo que pode — ou não — acontecer no futuro. Sendo assim, comece a pensar em maneiras menos explícitas e diretas de progredir na carreira. Por exemplo, se a empresa estiver cortando despesas, você pode reivindicar uma mudança no nome de seu cargo em vez daquele aumento que eles não podem lhe dar — isso vai custar a eles somente seus novos cartões de visitas. Você pode ter assumido as tarefas de outros profissionais que foram demitidos e, portanto, é absolutamente justo batalhar por um novo cargo, nem que você tenha de inventar um. E esse novo cargo vai ficar ótimo em seu currículo, quando se candidatar a outro emprego em outra empresa.

Mas se seu emprego está estagnado e você não teve muito sucesso ao buscar outra posição no mercado, comece a pensar em como pode melhorar seu perfil profissional e estimular seu cérebro. Talvez seja legal assumir alguns projetos freelance para fazer novos contatos e tornar seu nome conhecido fora da empresa. Quem sabe, ainda, aceitar algum trabalho voluntário em companhias de outros setores e, então, atualizar seu currículo acrescentando uma nova gama de capacidades. Também deve considerar a possibilidade de fazer um curso à noite, especialmente um que ensine a você uma competência mais "vendável", como design gráfico ou html — tente convencer seu atual empregador a pagar o curso ou, ao menos, dividir a mensalidade com você (terá de usar todo o seu talento de negociação: mostre a eles que ativo fantástico você vai ser quando contar com novas competências).

DICA QUE VALE OURO: AMNÉSIA FUNCIONAL

Quando ficamos um tempo sem ir ao escritório (normalmente, isso acontece quando a gente volta das férias), de repente, esquecemos como fazer o trabalho. E então precisamos reaprender tarefas básicas como discar o telefone fixo ou como ligar o computador com suas senhas. Não importa há quanto tempo você faça seu trabalho, chega um ponto em que a gente entra no escritório, senta e fica olhando para a tela do computador por uns cinco minutos até lembrar como tudo funciona novamente.

Além do mais, lembra-se no primeiro capítulo, quando eu disse que você não deveria deixar seu emprego definir sua existência? Isso ainda é verdade. Portanto, não se esqueça de manter atividades extracurriculares, seja fotografia amadora, aulas de cozinha italiana ou dar treinamento de basquete para crianças. Nunca se sabe que oportunidades podem surgir desses projetos paralelos e, além disso, eles ajudam a manter sua sanidade. Eu tenho uma amiga que trabalhava em marketing e, como favor, fez um trabalho promocional para uma banda formada por uns conhecidos. O fato é que a ajuda dela possibilitou que a banda melhorasse seu perfil e audiência, o que resultou em um bom contrato para uma excursão. Para ela, o resultado também foi bom: a visibilidade obtida pela banda a fez conquistar o emprego de seus sonhos em uma agência de Relações Públicas que só trabalha com músicos.

Seja profissional. Quando surge uma posição melhor no escritório, você e todos os seus colegas funcionários entram em disputa pela promoção. Por mais chato que seja ser passado para trás por uma pessoa que você considera menos capacitada, mantenha seus comentários ácidos para você mesmo e seja educado — no mínimo, porque aquela pessoa talvez lhe passe novas tarefas, e você não quer que ela seja promovida e já comece odiando a sua ambição.

O mundo é pequeno para todo setor e profissão — seja comunicação, educação, tecnologia, moda ou qualquer outro. Em meio às rivalidades corporativas e às convenções de cada empresa, parece que todo mundo se conhece. Quanto mais você avançar em sua carreira, mais vai perceber como é importante manter boas relações — ou, pelo menos, civilizadas — com o maior número possível de pessoas de sua área. São essas as pessoas que irão ajudá-lo a encontrar novos empregos, recomendá-lo para atividades freelance e apresentá-lo em eventos de networking. Portanto, por mais chateado que você fique com a promoção de seu falso amigo antes da sua, despeje todos os palavrões com quem você confia em sua vida pessoal, mas fique quieto no escritório. Não estou estimulando você a organizar uma festa de parabenização para seu falso amigo. Apenas não aja como um completo idiota porque perdeu aquela promoção. Você tem todo o direito de se sentir chateado e evitar as *happy hours* por um tempo. Fique um tempo sozinho e reflita. Mas, quando se trata do ambiente de trabalho, é melhor se manter neutro. Não finja um sorriso se não estiver com vontade, porque todo o mundo percebe um riso amarelo a quilômetros de distância. Basta não ficar em volta e nem fazer comentários maldosos. Eis alguns conselhos da minha mãe: "Se não pode dizer nada agradável, fique quieto. E, caso você esteja tão possuído pela raiva que nem consegue enxergar direito, canalize esse sentimento e essa energia para a busca de um novo emprego".

Faça sua própria pesquisa. Muitos funcionários infelizes dizem que, apesar de terem um chefe odioso que os faz sentir miseráveis, preferem continuar com ele ("Pelo menos, já sei como lidar com ele", alegam e acrescentam: "Já posso prever quando vai ter um ataque")

DICA QUE VALE OURO:
"A ÚLTIMA NOITE DE STEVEN NA CIDADE"

Há aquela música da banda Ben Folds Five chamada *Steven's last night in town* [A última noite de Steven na cidade], que fala de um cara que vai se mudar para um outro lugar do mundo e dá uma grande festa para celebrar e se despedir. Bem, ao longo da noite, tudo de bom começa a acontecer — as pessoas lhe pagavam drinques, todos diziam o quanto iam sentir falta dele e até aquela garota especial admitiu que sempre teve vontade de ficar com ele. A última noite de Steven na cidade foi tão legal que ele resolveu não ir mais embora e transformar todas as noites seguintes em mais uma última noite na cidade.

O ponto? De vez em quando, há funcionários que anunciam que vão sair da empresa — alguns saem de verdade — e depois de ouvir todo o mundo dizendo adeus, receber presentes, escutar o chefe lhe fazendo elogios e ver os amigos organizando festas, se convencem de que aquele emprego é na verdade maravilhoso. Então, eles repensam o pedido de demissão e decidem ficar.

Moral da história? Não seja esse tipo de funcionário. Não seja tolo e ameace ir embora uma porção de vezes sem cumprir a promessa, porque isso vai fazê-lo parecer, na melhor das hipóteses, terrivelmente indeciso e, na pior, o campeão do drama. Assim que se tornar o funcionário que vive dizendo "Eu vou embora!", ninguém mais o levará a sério novamente. Portanto, diga a palavra-chave quando for verdade e divirta-se nas festas de despedida que fizerem para você sem perder seu foco.

do que começar do zero com um desconhecido. É o dilema clássico entre o diabo conhecido e o diabo desconhecido.

Como escapar dessa mentalidade "Síndrome de Estocolmo"? Faça um reconhecimento de campo. Se você for entrevistado por alguém ou receber uma oferta para trabalhar para determinado profissional, descubra tudo o que puder sobre ele. Quais são as realizações dele? Ele se fez sozinho ou teve a sorte de contar com bons contatos familiares? O que os ex-colegas têm para falar sobre esse profissional? Existem blogs para falar mal dele e dizer o quanto odeiam aquela pessoa? No mínimo, especule com os contatos perguntando discretamente: "Alguém de vocês conhece o Fulano de Tal da Empresa X? O que acham dele?". Caso alguém fique curioso e comece a perguntar a razão de seu interesse repentino, diga que talvez seu chefe faça um projeto em parceria com ele, mas não fale mais nada.

Mantenha a perspectiva. Lembre-se de que uma promoção não é um presente, é um mérito. Está bem, sei que isso parece conselho de mãe, mas preste atenção. Com certeza, você deve examinar a tendência do seu setor e anotar o ritmo de promoção em seu escritório, mas não há regra que diga que você tem de ser promovido. O mais provável é que sua promoção seja uma combinação de vários fatores externos com todo o trabalho que você vem realizando nos últimos tempos.

Descubra o que falta à sua empresa. Quando você descobre o que está faltando ou o que a organização não está fazendo direito, tem a chance de pensar em uma maneira de ajudar ou melhorar o sistema. Por exemplo, a sua empresa está organizando eventos realmente fantásticos, mas perdendo a oportunidade de divulgá-los em sites como o Twitter? Se você é viciado em Twitter, por que não encontrar uma maneira de transformar esse hobby em um meio de se destacar no trabalho? Converse com seu chefe para ficar encarregado de criar uma conta da empresa no Twitter e promover no site os eventos focados no público-alvo da companhia. Antes de fazer a proposta, certifique-se de ser capaz de responder a todas as perguntas que virão de seu chefe: quanto a nova iniciativa vai custar, qual a repercussão se algo der errado e quanto tempo a nova tarefa vai subtrair de suas outras atividades mais importantes. É algo arriscado — é um modo fantástico de provar a si mesmo e à empresa que você é um ativo valioso, mas se não funcionar como o esperado pode prejudicar a sua reputação. Analise se você pode realmente realizar o projeto baseando-se em fatos, estatísticas e outros dados para dar respaldo a seu trabalho.

OS MELHORES FILMES DE FUNCIONÁRIOS

Vai ficar em casa em um final de semana chuvoso ou está procurando uma maneira de desestressar depois de um dia horrível no trabalho? Assista a uma dessas excelentes histórias de funcionários no ambiente de trabalho.

Como eliminar seu chefe. Três secretárias decidem se vingar do chefe idiota e dão um toque feminista em todas as situações hilariantes. A cantora Dolly Parton está no filme e canta a música *Nine to five*, título do filme no original em inglês. Esse filme é ótimo!

O preço da ambição. É a história de um cara que começa como um funcionário otimista e se torna um terrível executivo de Hollywood. Você vai se identificar com ele até a parte em que amarra o chefe em uma cadeira e começa a torturá-lo. Aí então... bem, talvez você se identifique também com essa parte.

Como enlouquecer seu chefe. Simplesmente, o melhor filme já criado sobre escritórios. Tem um chefe cretino, um grampeador vermelho, o jargão corporativo, consultores inúteis, a frase "idiota

►

Erre de vez em quando. Sim, sei que pode parecer contraintuitivo, mas veja bem: era uma vez uma funcionário chamada Lee que trabalhava no Império do Mal. Ela era, de fato, ótima — pontual, organizada e parecia ter a habilidade de entender todas as bobagens despejadas diariamente pelo chefe sobre sua cabeça. O chefe de Lee a considerava essencial — tão essencial que ele não podia nem sonhar em deixá-la ser promovida. Ele passou a confiar tanto em Lee que nem conseguia se imaginar começando tudo de novo com um funcionário que ainda não tinha as informações sobre seus cartões de crédito, não sabia o aniversário de seus filhos e nem tinha de memória os números de telefones de seus cinco restaurantes favoritos. Se Lee estivesse interessada em ser uma funcionária para sempre, aquele seria o emprego ideal para ela — o chefe estava disposto a lhe pagar um bom salário para mantê-la feliz e produtiva e os dois tinham um bom relacionamento profissional, apesar de ele ser um grande cretino. Só que Lee queria

sem talento" e funcionários descontando suas frustrações em uma máquina copiadora. Além disso, muitas das piadas do site "Save the assistants" são baseadas nesse filme.

Viva! A babá morreu. Retomando sua ótima performance da série de tevê *Married... with children* [no Brasil, *Um amor de família*], Christina Applegate é uma estudante do Ensino Médio que falsifica seu currículo e consegue um emprego temporário nas férias de verão como funcionário. O filme é notável não apenas pelo modo genial com que ela empurra suas tarefas para uma colega e se defende da chefe diabólica, mas também por causa da moda horrorosa do início da década de 1990.

Secretária. Você já pensou alguma vez: "Acho que meu relacionamento com meu chefe é um pouco sádica?". Bem, então, assista a

►

crescer na empresa e começou a ficar frustrada com seu emprego. Ela não conseguia entender por que recebia ótimas avaliações de desempenho e aumentos de salário, mas não era nem cogitada para promoções.

O problema, como se vê, era que nossa querida amiga Lee era realmente boa demais para o emprego. É triste, mas é verdade — tornar-se indispensável é bom quando a empresa entra em uma onda de demissões e você quer sobreviver, mas é ruim quando se está querendo ser promovido. Pode soar estranho, mas de vez em quando precisamos pisar na bola — não um erro catastrófico daqueles que jogam uma carreira por água abaixo, claro — para lembrar ao chefe que ninguém é perfeito. Quando você é tão extraordinário que o chefe não funciona sem a sua presença, está criado o problema. Portanto, sinta-se à vontade para errar de vez em quando em pequenas tarefas como se enganar na quantidade de açúcar do café

essa comédia romântica com temática sadomasoquista entre um chefe e sua assistente e você vai se sentir em casa. Ou, talvez, você reconheça alguns padrões pouco saudáveis de comportamento. Vale ver pelas duas razões.

Uma secretária de futuro. Esse filme é um conto de fadas contemporâneo com uma Cinderela de Staten Island. A corajosa secretária Tess tem uma ideia brilhante e sua chefe do tipo Falsa Amiga a passa para trás, apresentando a proposta como se fosse dela. Tess consegue se vingar (calma, não vou contar tudo!), conquistando uma vitória para todos os funcionários do mundo. O filme é bem legal e mostra os penteados e as maquiagens horríveis daquela época, além de um Alec Baldwin quase irreconhecível de tão magro e cheio de cabelos. Falando sério, levei quase metade do filme para descobrir que era ele. ►

dele. Caso contrário, você pode cair na armadilha de ficar presa na "ilha dos funcionários" para sempre.

Esteja pronto para se defender. Se você seguiu o conselho do primeiro capítulo sobre manter um diário de suas realizações no trabalho e/ou atualizou regularmente seu currículo para incluir suas conquistas, chegou a hora de usar essas informações. Quando estiver montando a história de por que deve ser promovido, vai precisar dispor desses dados. Você terá de ser capaz de enumerar e exemplificar suas realizações e os projetos nos quais trabalhou para mostrar que colaborou e foi bem-sucedido em suas atividades na empresa.

Uma boa dica para se preparar para entrevistas de emprego é fazer uma lista mental das diferentes situações que vivenciou no escritório. Escolha dois ou três cenários e certifique-se de que sabe contar

O dono da festa e ***O dono da festa 2.*** Esses filmes são bem desmiolados, mas são também boa diversão. Equivalem a comer um burrito no café da manhã quando você acorda com uma ressaca danada. Vale a pena ver Kal Penn começar como o tímido e desajeitado assistente de Ryan Reynolds, triunfar e então estrelar seu próprio filme. E daí se a sequência já saiu direto em DVD?

O diabo veste Prada. O filme que trouxe à luz a tortura praticada contra os assistentes. A performance multifacetada de Meryl Streep como a chefe diabólica dá até vontade de torcer contra a funcionária santinha interpretada por Anne Hathaway. No fim das contas, faz a gente achar que, se é para ser um peão atormentado pelo chefe, pelo menos, que seja um peão com livre acesso a roupas de grifes dos melhores designers.

►

os casos do início ao fim. Assim, quando o entrevistador pedir que discorra sobre um momento em que tenha se sentido desafiado a mostrar iniciativa ou lidar com um colega não colaborativo em seu atual emprego, você terá em mente algumas histórias. Isso irá diminuir muito o risco de lhe faltar a memória e você não saber o que dizer. Os cenários devem envolver, de preferência, diferentes níveis hierárquicos e de dificuldade para que se encaixem mais facilmente a qualquer tópico proposto pelo entrevistador. Por exemplo, uma das minhas histórias era sobre as férias que eu passei ensinando redação criativa em um acampamento de verão. Essa atividade envolvia liderança, pois eu ensinava; criatividade e planejamento, porque eu precisava preparar as aulas; e flexibilidade, porque lidava com alunos de diferentes faixas etárias e graus de maturidade e tinha de propor atividades diferentes para cada um. Outro ponto positivo dessa história é que ela abria espaço para a discussão de princípios empresariais, apesar de nada se passar no ambiente de um escritório. Ela oferecia uma visão de minhas capacidades descritas no

A malvada. Você já parou para pensar de onde surgiu aquele batalhão de funcionárias que fingem ser legais e boazinhas, mas que estão apenas sabotando a chefe para tomar seu lugar? Não pense mais — elas nasceram nesse filme. Apesar de ser da década de 1950, ainda é relevante e divertido ver esse clássico interpretado por Bette Davis e Anne Baxter.

Quatro garotas... Uma grande confusão. Possivelmente, pior que ser um funcionário é ser contratado como temporário, porque você não tem direito nem ao plano de saúde. Nesse filme, quatro temporárias (incluindo Parker Posey e Lisa Kudrow) tentam sobreviver à vida no escritório, enquanto contam os segundos que faltam para o horário de saída.

■

DICA QUE VALE OURO: NÊMESIS PROFISSIONAL

Todos temos um — ele é o Dwight do seu Jim, como na série de tevê *The Office* (porque você é sempre o mais bonito, claro), a Jennifer Aniston da sua Angelina Jolie. O seu nêmesis profissional não é apenas a pessoa de quem você não gosta muito, porque, nesse caso, bastaria evitá-la. Não, essa pessoa é escalada para trabalhar em projetos com você, sempre compete pelas mesmas recompensas e promoções e tem uma queda pela mesma pessoa que você. Ela é a mosca da sua sopa; a pedra dentro do seu sapato. Basicamente, você odeia essa pessoa e agora que está saindo desse emprego nunca mais vai ter de ver sua face detestável.

currículo, e os entrevistadores realmente gostavam de ouvir algo diferente das histórias típicas de escritórios.

Sinta orgulho de si mesmo. Ninguém quer parecer arrogante — por causa disso a vida é mais difícil para alguns funcionários —, especialmente as garotas, que são ensinadas desde cedo a não chamar atenção sobre si mesmas, mas, às vezes, não faz mal assumir as próprias qualidades. Não estou dizendo a você para agir como a modelo Tyra Banks e transformar toda conversa em um monólogo sobre quão fantástico e perfeito você é, mas não há problema em admitir quando faz um bom trabalho. As promoções, os aumentos de salário e outros reconhecimentos não irão acontecer enquanto você se esconder e esperar que alguém note suas qualidades — isso tudo só ocorre quando a pessoa se destaca e sabe o que quer. Em outras palavras, não fique sentado torcendo e esperando que aquela pessoa telefone para você; ligue você mesmo!

***

Pratique muito. Se você se sente nervoso ao pensar em falar com seu chefe sobre um aumento ou acha que não vai conseguir citar todas as razões pelas quais merece ser promovido — é natural sentir-se apavorado, já que provavelmente você nunca fez isso antes —, ensaie o diálogo algumas vezes antes de propor a conversa. Pratique sozinho em casa na frente do espelho ou peça que um amigo de confiança finja ser seu chefe, fazendo-lhe algumas perguntas. Quanto mais você se preparar, mais confortável e menos tenso vai se sentir na hora em que essa conversa realmente acontecer. Lembra-se dos seminários que você apresentava no colégio e na faculdade? Você precisava pesquisar e treinar a apresentação antes, não? É quase o mesmo.

Esteja pronto para a vingança. Ao saber que você está indo embora, alguns chefes entram imediatamente no "modo vingança". Eles podem experimentar um momento de lucidez e se desculpar

DICA QUE VALE OURO: O MOMENTO "PODEROSO CHEFÃO"

No filme *Como enlouquecer seu chefe*, Peter, um "peão corporativo", chega ao escritório pela primeira vez depois de receber uma promoção inesperada. Ele estaciona na vaga do antigo chefe, entra na empresa caminhando como se fosse um poderoso executivo e abre impetuosamente as portas da sala de reuniões. Tudo isso ao som da música *Damn it feels good to be a gangsta* [Cara, é muito bom ser um gângster], dos Geto Boys. É o seu momento "poderoso chefão" no escritório — você foi promovido, foi elogiado pelo chefe na frente da empresa inteira ou deu aviso-prévio porque recebeu proposta para um emprego muito melhor. Você entra no escritório todo cheio de si com um novo visual — o momento é seu! Honestamente, a vida não nos disponibiliza muitos desses momentos. Portanto, aproveite muito bem todos os que conquistar.

pelas atitudes horríveis que tiveram com você no passado ou (o mais provável) tentar se controlar e parecer agradável justo agora que você vai trabalhar para um rival ou parceiro de negócios. Meu chefe fez o seguinte: comprou-me um sorvete, passou a deixar eu sair todo dia mais cedo e disse para meu substituto que eu fui a melhor funcionária que ele já tivera (antes de mais nada, esse elogio era falso, porque, na verdade, fui uma funcionária medíocre e, em segundo lugar, essa atitude não apagava os oitocentos dias que ele passou gritando para mim e para quem quisesse ouvir que eu era estúpida e desorganizada). Quando seu chefe se comporta assim, você tem sorte. Emtretanto, o mais provável é que ele entenda sua saída da empresa como um insulto pessoal, uma traição. O exemplo a seguir apenas mostra o que você pode esperar quando apresenta a carta de demissão e entra no período de aviso-prévio:

> *Eu sou (durante o aviso-prévio, pelo menos) assistente de um agente em Beverly Hills, ou seja, a versão real do personagem Lloyd da série* Entourage *— exceto porque não sou asiático e porque meu Ari Gold é ainda mais desagradável. Eu apostaria que Lloyd tem seguro-saúde.*
>
> *Há três semanas, ele ficou bravo comigo porque agendei um almoço em uma sexta-feira, véspera de um feriado prolongado em que o escritório trabalharia somente meio período. O almoço fora agendado muitas semanas antes e todos acreditávamos que trabalharíamos normalmente, período integral.*
>
> *Quando ele chegou ao escritório, me chamou na sala dele e começou a gritar, dizendo que eu não fazia nada direito e que nunca fiz nada certo. Sendo assim, perguntei por que me manteve na empresa nos últimos seis meses? "Porque não há outra pessoa para colocar no seu lugar!" E se eu era tão ruim como ele dizia, por que não aceitou quando um parceiro dele pediu*

tantas vezes para eu me tornar funcionário dele? "Porque não há outra pessoa para colocar no seu lugar!"

Na manhã seguinte, eu aceitei um novo emprego. Entreguei a carta de demissão, dei meu aviso-prévio ao Departamento de RH e, então, fui avisar meu chefe. A princípio, ele reagiu surpreendentemente bem. Fui até a sala dele e disse que havia aceitado outro emprego, mas que faria o aviso-prévio para treinar meu substituto. Ele apenas respondeu: "Está bem, está bem". Mas, então, eu o ouvi dizer: "Ótimo, porque eu ia demitir você de qualquer jeito". É uma atitude típica dele.

A maioria das pessoas me disse que eu deveria ter perguntado a ele se gostaria que eu saísse da empresa imediatamente, mas por nada nesse mundo eu daria a ele o gostinho daquele momento "Até tu, Brutus" que ele vinha fazendo por merecer. Eu vou cumprir o aviso-prévio, continuar fazendo o meu trabalho o melhor possível, sabendo que sair daqui é o paraíso, apesar de manter intacto o meu respeito pelos outros no escritório. Fazer isso é melhor que mandá-lo às favas. Ele pode ficar louco de raiva quanto quiser, mas eu vou sair pela porta da frente dessa empresa com um enorme sorriso no rosto.

—Brett, Los Angeles

Preste atenção no cronograma da sua empresa. Toda organização tem sua própria agenda quando se trata de contratações, promoções, bônus etc. Por exemplo, embora seja comum que as empresas anunciem o bônus entre o Natal e o Ano-Novo para que os funcionários possam contar com mais dinheiro nos dias de folga e nas festas, é sempre plausível que todos tenham de esperar para receber em janeiro, porque assim os impostos serão cobrados no exercício seguinte. Existe uma época específica do ano para que sejam realizadas as avaliações de desempenho, elas são feitas com base na data da contratação dos funcionários ou simplesmente quando os chefes estão com vontade? Todos os executivos saem em férias em julho para aproveitar o recesso escolar dos filhos? Esses podem parecer detalhes sem importância, mas boa parte do sucesso para se conseguir um aumento ou uma promoção está em saber a hora certa de fazer o pedido. Por exemplo, caso sua avaliação de desempenho tenha sido excelente, faz sentido pedir o reajuste ou a mudança de cargo imediatamente depois, quando seu chefe ainda está com essas informações frescas na memória. No entanto, se o seu pedido depender da assinatura de um executivo de alto escalão, certifique-se de estar com tudo pronto antes de ele ir para o encontro anual de acionistas — e se esquecer de você. Embora seja chato depender da agenda dos outros quando se está merecendo uma promoção, é assim que tudo funciona nas empresas. Sendo assim, faça tudo que estiver ao seu alcance para que o sistema funcione.

Quando decidir sair, mantenha sua decisão. Como observado em "A última noite de Steven na cidade", tópico anterior deste capítulo, alguns funcionários são sugados de volta para empregos que detestam simplesmente porque o processo de saída correu muito bem ou porque caem nas táticas de chefes que imploram para que fiquem, prometendo que a vida irá mudar totalmente para melhor dali para frente. Mas, se você pensou com cuidado no assunto, juntou dinheiro, enviou currículos para empregos melhores e está confiante de que essa é a decisão certa, mantenha-se firme. Já rompeu relacionamento com uma pessoa bruta e abusiva? Ele ou ela, provavelmente, chorou e prometeu que, se você desistisse de romper, tudo daria certo e funcionaria bem. E nada deu certo do mesmo jeito, não é? Se você é um caso particularmente grave de Síndrome de Estocolmo, estará bastante suscetível a ser enganado por um chefe diabólico que jura a torto e a direito que tudo vai ser diferente dali para a frente. Não entre nessa. Você tomou sua decisão e deve mantê-la. Se titubear agora, seu chefe irá fazer o que quiser com você e nunca mais o levará a sério (isso se alguma vez ele ou ela já levou você a sério alguma vez). Veja a seguir a história de uma funcionária cuja experiência de demissão só confirma que ela estava tomando a decisão correta:

> *Eu levei um tempo para tomar a decisão, mas finalmente reuni coragem para sair daquele emprego horrível no qual meu chefe começava a gritar comigo no momento em que entrava no escritório e só parava quando eu saía para voltar para casa. Ele não era apenas um cretino, era um cretino sexista. Quando eu pedi demissão, ele disse que não iria aceitar porque eu "estava sendo muito emocional, agindo como uma adolescente". Como pai de uma porção de meninas, uma delas com a minha idade, ele se considerava um especialista em comportamento feminino (se fosse, talvez suas filhas não ligassem para ele somente quando precisavam de dinheiro ou tinham de ir para uma clínica de reabilitação). Ele insistia em dizer que eram meus "hormônios falando" e que eu logo estaria arrependida de deixar de trabalhar com ele. Fiquei tão horrorizada que nem respondi a seus comentários estúpidos e sexistas. Na manhã seguinte, pedi demissão novamente. Foi ótimo, exceto por ter de ouvi-lo dizer que eu estava com TPM e que eu realmente precisava de uns dias de folga para pensar melhor.*
>
> —Laurie, Nova York

Exercite a gratidão. Quando a economia vai mal ou você é o único entre seus colegas da faculdade que conseguiu conquistar um emprego em período integral, pode se sentir ingrato ao ter um dia ruim no escritório, reclamar e até pensar em pedir demissão. Mas você precisa saber o seguinte: é possível, simultaneamente, ser grato por ter um emprego e saber que você seria mais feliz trabalhando em outra empresa. Sim, você é grato porque seu emprego lhe

DICA QUE VALE OURO: MULTIPROPÓSITOS

Multipropósitos é o mesmo que multitarefas, mas, em vez de trabalhar em diversas atividades simultaneamente, você trabalha ao mesmo tempo em tarefas aleatórias que não estão relacionadas entre si e nem com o seu cargo. Agora que você pediu demissão e está em aviso-prévio, é possível que peçam para você realizar diversos trabalhos desvinculados e não relacionados para adiantar o serviço de quem vai ficar no seu lugar. Não esquente... Lembre-se: está acabando!

possibilita pagar o aluguel e as contas todos os meses. Você aprecia os contatos que fez, os amigos que conheceu e as habilidades que desenvolveu. Mas você pode também se dar conta de que está no setor errado, seu chefe é um chato incansável e sem salvação ou que você merece ter um emprego que permita o uso de seu cérebro e criatividade pelo menos de vez em quando. Ser honesto — dizendo "Não acho que esse seja o lugar certo para mim" ou "Meu chefe faz eu me sentir miserável" ou "Eu quero ir embora" — não torna você automaticamente um ingrato nem, tampouco, uma pessoa má. Ter maturidade significa conseguir ver o lado bom de uma situação e, mesmo assim, tentar sair dela.

A IMPORTÂNCIA DE CONTAR COM UM MENTOR

Bom, você provavelmente não é amigo pessoal de seu chefe. E certamente seus colegas funcionários são boas pessoas, mas quando se trata de conseguir orientação sobre como ser promovido ou o próximo passo em sua carreira, a quem se pode recorrer? Você pode contar com sua família e seus amigos para apoio moral, mas se eles não trabalham no mesmo setor que você, pode ser que não conheçam o fluxo particular da área. Sendo assim, vá em busca de um mentor no mercado de trabalho.

Tive sorte de encontrar um mentor quando saí do Império do Mal e comecei em um novo emprego. Eu trabalhava para o editor-chefe de um site. Ele é um ótimo jornalista que se fez sozinho e teve muita coragem ao deixar um emprego bem remunerado de repórter em uma revista para assumir o risco de criar seu próprio site. Muita gente pode se tornar arrogante ao conseguir sucesso em seu próprio negócio, mas meu chefe procura manter-se humilde e discreto. Eu não apenas aprendi muito sobre jornalismo com ele, também descobri que é possível, simultaneamente, ser chefe e uma boa pessoa.

Nem todo mentor é alguém que você conhece ou com quem trabalha junto. Mas, quando você encontra um mentor, é como ter um irmão mais velho legal, um amigo inteligente e um professor que nos inspira — tudo em uma única pessoa. Você adquire bons conselhos e diretrizes, além de saber que tem alguém em sua defesa.

A seguir, descrevo algumas dicas para você encontrar o seu próprio mentor de carreira.

Interaja com outros executivos de sua empresa, não apenas com seu chefe, para perceber se você tem uma conexão pessoal com algum deles. Boa parte da missão de se conseguir um mentor é encontrar alguém que você admire como pessoa. Há uma razão para que seu mentor não seja necessariamente seu chefe — é alguém com quem você quer realmente sair depois do trabalho, ter uma boa conversa por telefone ou ir almoçar junto. Além disso, quem quer conselhos sobre carreira de uma pessoa de quem não gosta e que não admira?

Contate a associação de ex-alunos de sua faculdade. Mesmo que agora você more longe, a faculdade pode colocá-lo em contato com alguma associação regional de ex-alunos ou lhe dar informações para que encontre outros ex-graduados mais perto de você. Se a faculdade contar com um banco de dados detalhado em sua cidade, você pode até especificar que gostaria de entrar em contato com alguém que trabalhe no mesmo setor. O fato de terem estudado na mesma faculdade dará a você algo sobre o que falar, caso se sinta incomodado por tentar entrar em contato com alguém que não conhece.

Verifique as redes de networking, particularmente as que enfatizam o relacionamento com mentores. Alguns sites focam especificamente na aproximação entre profissionais mais experientes e os mais jovens. O site <ed2010.com> é voltado aos jovens profissionais que desejam trabalhar em revistas, e eles encorajam os funcionários a se cadastrar em seu programa de mentores — depois de um processo de entrevistas, eles colocam você em contato com um mentor, alguém sempre mais experiente que você e que esteja um pouco acima na hierarquia da carreira em vez de uma pessoa com a idade da sua mãe, um executivo que até já se esqueceu de seus dias de funcionário. Existem sites cuja missão é colocar em contato pessoas com necessidades especiais e outras experiências semelhantes. Faça uma busca no Google ou converse com seus conhecidos.

Se você segue uma religião, verifique se na sua igreja, templo, sinagoga ou ponto de encontro existe algum evento como "jovens líderes" ou "pessoas de negócios". Mesmo que não ofereçam nenhum programa como "Cristãos do Marketing", é possível que você localize alguém em sua congregação que esteja trabalhando no mesmo setor e que ficará satisfeito em poder lhe orientar.

Se você não conhece ninguém na nova cidade para onde se mudou, recorra à sua família e a seus amigos para verificar se eles têm contatos onde você mora agora. Nunca se sabe quem pode conhecer alguém interessante. Se o melhor amigo de sua tia no Ensino Médio agora está trabalhando na área em que você deseja começar, peça que ela apresente você a ele. Ou então, envie um e-mail profissional dizendo algo como: "Caro (nome da pessoa), meu nome é __________ e minha tia é (nome da tia). Ela fala bem de você até hoje e não se esquece da viagem que fizeram em um verão durante a faculdade. Eu acabo de me mudar para (nome da cidade) e estou procurando um emprego na área 'X'. Sei que você trabalha na (nome da empresa) e eu gostaria muito de marcar um encontro para um café. Desse modo, eu teria a oportunidade de ouvir você sobre esse setor e obter algumas diretrizes."

Nunca peça emprego a quem você não conhece. O encontro deve funcionar da seguinte maneira: você faz sua pesquisa prévia sobre o conhecido de sua tia e vai ao encontro dele, pontualmente e bem--vestido. Ambos serão simpáticos e a pessoa pode gostar de você o bastante para recomendá-lo para uma futura posição ou encorajá--lo a se candidatar a um emprego, oferecendo-se como referência.

Se você realmente admira um profissional que lhe serve de inspiração, tente enviar um e-mail. Pode parecer estranho e assustador, mas muita gente se sente valorizado ao receber o e-mail de um fã, especialmente quando a pessoa não é famosa. Para não parecer maluco, apenas seja direto, simples e talvez até autodepreciativo: "Estou realmente impressionado pelo fato de você ter começado sua instituição sem fins lucrativos antes dos 30 anos. Sou funcionário em uma ONG atualmente e nem posso imaginar quanto trabalho você deve ter tido para erguer sua instituição do zero como fez." Não exagere demais nos elogios e use exemplos específicos. No final, tente algo como: "Se não lhe parecer muito estranho, gostaria de convidar você para tomar um café, conversar sobre o início de sua trajetória e ouvir algumas dicas, caso você possa oferecê-las a alguém como eu." Se você se sentir constrangido por parecer fã demais, escreva um e-mail bastante simples para não dar margem a erro. Além disso, se achar atrevimento pedir que a pessoa tome um café com você ou se ela morar em outra cidade, tente solicitar uma resposta por escrito com dicas e pergunte se compartilharia alguns contatos com você. Isso pode funcionar!

EX-FUNCIONÁRIOS QUE SE DERAM BEM

Existe luz no fim do túnel — e muita gente que conseguiu encontrá-la. Toda vez que você entrar em uma pior e se convencer de que está condenado a ficar para sempre acorrentado no primeiro emprego, leia uma dessas histórias de sucesso e lembre-se de que existem muitas estradas que levam ao trabalho dos seus sonhos.

É realmente interessante observar como esses ex-funcionários encontraram seu caminho para chegar ao "emprego dos sonhos". Alguns começaram como funcionário em determinado setor e, seguindo a tradição, trabalharam duro para construir sua carreira com foco e determinação. Outros trabalharam como assistente de celebridade, ampliando seus contatos para conseguir um emprego seguro na indústria do entretenimento. Outros, ainda, economizaram todos os salários para um dia sair do cargo de assistente e fazer o que queriam. Não importa o caminho que trilharam nem se foram funcionários por um ano ou quinze; esses profissionais são exemplos fantásticos de gente que foi capaz de extrair uma limonada de seus ácidos empregos. Eles são uma inspiração para aqueles dias em que tudo parece ir mal.

Marc Cherry. Criador e redator da série de tevê *Desperate Housewives*. O primeiro emprego de Cherry em Hollywood foi como assistente da então estrela da série *Designing Women*, Dixie Carter. Cherry era um superfã de sua chefe e a admiração era recíproca:[2] "Esse garoto queria escrever, veio para a cidade em 1989 e trabalhou para mim. De repente, ele estava escrevendo em "*As Supergatas*", disse Dixie em uma entrevista e acrescentou: "Ele é tão talentoso!".

Alguns anos depois, Cherry agradeceu[3] a sua ex-chefe escrevendo para ela uma parte de um episódio de *Desperate Housewives.*

Julie Jackson. Julie trabalhou como funcionária em uma empresa mal gerenciada na qual os chefes pediam que ela fizesse tarefas como "colocar filme na câmera digital". Apesar de o emprego ser em período integral, nas horas vagas ela trabalhava em um projeto paralelo, fazendo bordados de ponto-cruz com frases um tanto subversivas como "Cale a boca!" ou "Você é um idiota!". No fim, seu projeto paralelo transformou-se em um império de artesanato — a entidade se chama *Subversive Cross Stitch*[4] e tem um site próprio na internet.

Max Szadek. Ele fez carreira como funcionário de Luther Vandross até sua morte, em 2005. Max poderia simplesmente ter pego o dinheiro que o cantor lhe deixou em testamento e ido viver calma e tranquilamente em algum lugar bonito. Em vez disso, Szadek começou sua própria instituição sem fins lucrativos, a Divabetic,[5] que educa mulheres afrodescendentes para o cuidado com o diabetes e encoraja a adoção de técnicas de prevenção. Szadek, além de um líder para a comunidade a que presta serviço, faz um tributo também a seu ex-chefe, que era diabético.

Jonathan Levine. Quando se formou em cinema, Jonathan arrumou emprego como assessor de imprensa do roteirista Paul Schrader, cujos filmes de sucesso incluem *Taxi driver* e *Touro indomável.* Hoje em dia, Levine é um produtor de cinema bem-sucedido.[6] O primeiro filme que escreveu e dirigiu foi *À deriva*, com base em sua própria experiência de crescer em Nova York, estrelado por Ben Kingsley e Mary-Kate Olsen, que obteve críticas bastante positivas.

Cheryl Hines. A comediante, mais conhecida por seu papel de esposa sofrida de Larry David na série *Segura a onda* da HBO, começou como assistente pessoal do diretor Rob Reiner.[7] Ao contrário dos outros assistentes de celebridades dessa lista, Cheryl não contou com nenhum apoio de seu ex-chefe. Ela disse em uma entrevista que seu trabalho consistia basicamente em limpar a casa de Reiner.

Lauren Berger. Lauren provavelmente foi a primeira pessoa no mundo a ser promovida de assistente para estagiária — mais especificamente, a ex-assistente administrativa é agora conhecida como *Intern Queen* (A Rainha dos Estagiários).[8] Com esse apelido, ela coordena um site que divulga anúncios de emprego para estagiários em todo os Estados Unidos e dá dicas e truques para aspirantes que querem tirar o melhor proveito dessa experiência profissional.

Harvey Weinstein. Acredite ou não, o homem conhecido por ser o tormento dos funcionários de Los Angeles a Londres começou sua carreira como assessor de imprensa de ninguém menos que os Beatles[9]. Em seu primeiro emprego, Harvey levava recados para os rapazes — agora Paul McCartney é seu amigo pessoal. É uma vergonha que Harvey não tenha aprendido nada sobre o carma dos assistentes em seus tempos de assessor.

Kara Dioguardi. A ex-jurada do programa *American Idol*, tem credenciais musicais de primeira linha: ela já compôs ou fez parceria em canções para artistas como Kelly Clarkson, Hilary Duff e Adam Lambert. Mas quando era apenas uma novata, tentando entrar no mundo da música, passou cinco anos trabalhando como assistente[10] do editor da "bíblia" do setor, a revista *Billboard*. Quem diria que ela sabe tanto sobre música pop.

Sidney Torres. Depois de trabalhar como assistente pessoal do músico Lenny Kravitz, Sidney saiu dessa vida de glamour e viagens para assumir um projeto muito diferente. Ele fundou a SDT Waste and Debris,[11] uma empresa de limpeza em Nova Orleans para ajudar a cidade a se recuperar da passagem do Katrina. Além de retirar o lixo e depositá-lo em aterros, Sidney também inventou um spray especial com aroma de limão que seus funcionários espalham nas ruas da cidade depois de limpá-las.

Jen Perkins. Jen tinha um emprego de assistente executiva no qual era muito bem remunerada. No entanto, percebeu depressa que suas chefes esperavam que ela fosse um animal de carga: passavam para ela toda a tarefa do escritório. Infeliz com a vida de funcionário, Jen começou a se divertir nas horas vagas desenhando joias com inspiração vintage. Agora, essa ocupação paralela tornou-se um projeto de tempo integral, adequadamente chamado de *Naughty Secretary Club*,[12] que já originou um livro, um blog e um programa de artesanato na TV.

Michael Arndt. Ao ganhar um Oscar[13] por ter escrito o roteiro do filme *Pequena Miss Sunshine*, Arndt agradeceu às pessoas de sempre: seu agente, sua família, aos financiadores do filme e... Matthew Broderick? Acontece que logo que ele chegou a Los Angeles, seu primeiro emprego foi como assistente da estrela de *Curtindo a vida adoidado*. Anos depois, mesmo distante de seus dias como assistente, ele quis agradecer a seu antigo chefe.

Odessa Whitmire. Ela começou sua carreira como assistente pessoal do ator Ben Affleck, mas se tornou uma celebridade dos tabloides[14] quando passou a sair com o melhor amigo dele, Matt Damon. Embora o casal tenha se separado depois de dois anos juntos, Odessa conseguiu virar amiga íntima da cunhada de Affleck, a atriz Summer Phoenix. Junto a uma terceira amiga, Ruby Canner, ela e Summer abriram um brechó chique chamado Some Odd Rubies,[15] em Los Angeles. A loja fez tanto sucesso que depois elas abriram uma filial em Nova York.

Jason Pollock. Quando criança, ele sonhava um dia fazer filmes. Seu primeiro emprego na indústria foi como assistente do diretor Michael Moore.[16] Depois de muitas dificuldades, Jason saiu para produzir e filmar seu primeiro documentário, *The youngest candidate*,[17] sobre pessoas com menos de 25 anos que se candidatam a cargos públicos eletivos. O filme foi apresentado pela primeira vez no Traverse City Film Festival, no Michigan. O organizador do festival? Michael Moore, com certeza.

Nadine Haobsh. Enquanto era funcionário na editoria de beleza de uma revista, ela começou um blog sobre suas experiências, chamado Jolie em NYC,[18] o que a levou a ser demitida. Nadine nem esquentou a cabeça, continuou a escrever textos *freelance*, fechou contrato para um livro e passou a receber produtos de graça para avaliar (cá entre nós, essa é a melhor parte). Seu livro *Confessions of a beauty addict* [Confissões de uma viciada em beleza] é um *roman à clef* sobre seus dias de funcionário na revista.

Fonzworth Bentley. O cara que começou carregando o guarda-chuva de P. Diddy[19] passou a roubar a cena e chamar a atenção por causa de suas roupas estilosas. Quando deixou o emprego de funcionário, escreveu um livro sobre roupas[20] e foi o anfitrião do *reality show From g's to gents*,[21] que ajudava os rapazes a montar um visual bonito e moderno.

TESTE: QUAL SEU ESTILO PARA SAIR?

1. Você descobre, enquanto ainda está no escritório, que ganhou na loteria. Como você reage?

a. Esconde a notícia até o final do dia e, então, corre para casa e conta a sua família, melhores amigos e todos realmente importantes.
b. Manda uma mensagem instantânea para o colega mais querido do escritório e pede que ele venha urgentemente à sua mesa.
c. Envia um e-mail a todos os funcionários, dizendo que o almoço amanhã é por sua conta.
d. Grita tão alto que alguém chama a segurança, achando que você está sendo assassinado.

2. Nessa lista de tarefas de trabalho, de qual delas você menos gosta?

a. Fazer sala no telefone com aquele cliente importante que tanto odeia esperar, enquanto o seu chefe demora e faz corpo mole até atendê-lo.
b. Cuidar de assuntos pessoais de seu chefe ou fazer qualquer outra tarefa que não esteja explicitamente listada em suas obrigações profissionais no manual da empresa.
c. Fazer qualquer tarefa que exija muito protocolo e lidar com muita gente, como colher assinaturas para um contrato ou organizar uma reunião da qual participará pelo menos metade da companhia.
d. Fazer qualquer trabalho monótono e demorado — preenchimento de formulários, digitação de textos etc.

3. Você faz muita fofoca no escritório?

a. De jeito nenhum. Você tenta ficar o mais longe possível de todos os dramas e conflitos.

b. Se houver algo realmente "irresistível" de ouvir, você não quer ser o último a saber, mas não fica procurando as sujeiras dos colegas para comentar com os outros proativamente.
c. Com certeza, especialmente se a história envolver alguém que você detesta ou que o trata mal.
d. Bem, claro, existe algum outro meio possível de fazer o tempo passar no escritório?

4. Com quem você fala sobre suas frustrações no trabalho?

a. Realmente com ninguém — você não quer que seu chefe saiba nada do que diz quando está com a cabeça quente. Suas reclamações acabam em um diário, onde estão bem seguras.
b. Um amigo mais próximo ou o(a) namorado(a). Vocês contam tudo um para o outro, tudo de bom e de tudo de ruim, e isso inclui as reclamações sobre o trabalho.
c. Para os amigos e a família — assim, nas festas da empresa irão saber com quem não conversar e quem evitar depois que todos começarem a beber.
d. Qualquer pessoa disposta a ouvir. Ninguém deve sofrer sozinho.

5. Com quantos amigos do Ensino Médio você ainda mantém contato?

a. A maioria deles! As pessoas que conheceram você quando seu cabelo era "exótico" são mais amigas do que as que conheceu já adulto.
b. Alguns deles você ainda considera amigos próximos, mas há também uma porção a quem envia cartas todos os anos ou revê quando visita sua cidade de vez em quando.
c. Você não continua muito próximo de ninguém, mas mantém contato com a maioria pelo Facebook e todos ficam sabendo dos grandes acontecimentos da vida uns dos outros.

d. Ensino Médio? Isso faz um tempão. Você agora se preocupa com coisas maiores e melhores que isso.

6. Que informações de contato você dá a um recrutador quando busca um emprego melhor?

a. Somente o celular e o telefone de casa porque você não quer que nenhuma evidência de sua busca por um novo emprego seja percebida no atual escritório.

b. Seu endereço eletrônico — você pode checar de vez em quando seu e-mail pessoal no escritório, mas, se não der, a mensagem pode esperar até você chegar em casa.

c. Seu telefone celular. Você mantém o aparelho ligado no modo vibração quando está no escritório e, se reconhecer o número, poderá atender.

d. O telefone fixo na sua mesa no escritório — você não liga se o recrutador telefonar para você na empresa. Você atende tantas ligações pessoais quando está por lá que ninguém vai reparar.

7. Alguma vez você já teve a fantasia de assassinar seu chefe?

a. Não, só uma pessoa maluca teria essa fantasia.

b. Você já teve um sonho com essa fantasia, mas a gente não consegue controlar os sonhos, certo? Também já teve outros sonhos malucos.

c. Talvez uma ou duas vezes, enquanto ele estava gritando com você por algo que definitivamente não era sua culpa, e foi preciso usar uma técnica de relaxamento para se acalmar.

d. Quase todos os dias. De vez em quando, descreve as fantasias em um e-mail e envia em massa para seus amigos se divertirem.

8. Você tem um apelido para a empresa?

a. Chamar de "trabalho" ou "escritório" conta? Porque se não for assim, você não tem.
b. Claro, é uma variação de seu nome de verdade, e já existia antes de ir trabalhar lá; você achou engraçado e o usa de vez em quando.
c. Não, mas você revira os olhos sempre que menciona o nome da empresa fora do escritório. O "tom" de voz é tudo.
d. O apelido muda toda hora. Em uma semana é Inferno, na outra é Cidade do Mal. A gente precisa ser criativo, não é?

Maioria de respostas "A":

Você quer sair como um cordeiro. Talvez esteja com medo de queimar as pontes ou talvez seu chefe tenha apavorado tanto você que não quer ter outra função senão o objeto da ira dele. Na verdade, o mais importante é tomar a decisão e sair, não a maneira como vai fazer isso.

Maioria de respostas "B":

Você quer sair do modo mais tradicional — e profissional — possível. Ao sairmos de um emprego que realmente detestamos e que transformou nossa vida num inferno, a última coisa que devemos fazer é sabotar a nós mesmos durante o aviso-prévio. Essa é, provavelmente, a rota mais segura a seguir — não é divertida nem glamourosa mas você não pode se esquecer que deve ao seu chefe pelo menos cortesia. Já que está seguindo o protocolo à risca, não poderá ser vilipendiado quando não ficar mais uma semana para treinar seu substituto. Eles poderão tentar vilipendiá-lo, mas você estará no seu direito de fazê-los recuar.

Maioria de respostas "C":
Você quer que seu chefe seja o último a saber. Talvez você tema a reação dele ou, assim que souber, que ele tenha um ataque histérico. Mas, independentemente de como se sinta em relação a seu chefe, você deve a ele uma satisfação. Você não precisa dar muitos detalhes sobre por que está saindo ou para onde está indo, mas se ele descobrir que foi o último a saber ou souber do fato por outra pessoa do escritório antes de você contar, vai ficar enlouquecido (e com razão). E isso não vai tornar sua vida nada divertida durante o aviso-prévio.

Maioria de respostas "D":
Você quer deixar a empresa no meio de uma explosão. De fato, se fosse possível sair desse emprego colocando um anúncio no rádio ou um banner em um balão de ar quente, você provavelmente faria isso. Embora "queimar as pontes" pareça tentador, você precisa ir com calma. Mesmo que esteja se mudando para bem longe e nunca mais veja ninguém desse escritório, não vai lhe fazer mal diminuir a intensidade dessa raiva. A melhor vingança nesse caso é viver bem — portanto, siga em frente.

Capítulo 6

A história de Wayne: a parábola do funcionário

Bom, agora que você conseguiu ser promovido, encontrou um emprego melhor ou jogou tudo para o alto e decidiu, finalmente, passar três meses viajando por exemplo, o resultado é que deixou de ser um funcionário. De fato — horror dos horrores — pode ser até que agora você tenha um estagiário ou assistente para gerenciar. Se for o caso, uma pergunta rápida: agora que tem um estagiário, como deve lidar com ele ou ela?

a. Deve tratá-lo(la) mal, como seu chefe fazia com você. Afinal de contas, agora é você quem está no comando e chegou sua vez de tirar proveito da situação. E é até terapêutico despejar toda a sua raiva e frustração sobre outra pessoa.

b. Deve ser tão legal quanto for possível. O estagiário está aprendendo, e você precisa ensinar e corrigir seus erros, não passar a mão na cabeça dele. Mas é possível fazer isso sem se tornar, ao mesmo tempo, uma pessoa grosseira e malquista.

Se você respondeu "a", precisa voltar e ler este livro novamente, porque obviamente não conseguiu aprender nada. Caso tenha respondido "b", então, parabéns — você está quebrando o círculo vicioso do abuso aos funcionários, porque está maduro o suficiente para entender que é possível cumprir suas obrigações e aprender sobre um setor sem querer matar uns aos outros. Também demonstra que é uma pessoa atenta, que se lembra dos tempos difíceis que passou no início da carreira e quer ter certeza de que outras pessoas não enfrentarão os mesmos tormentos.

Muitas pessoas que tiveram experiências horrorosas como funcionários não querem que os outros passem pela mesma tormenta que vivenciaram e se transformam em excelentes chefes porque são compreensivas e compassivas. No entanto, às vezes, essas pessoas vão muito longe nessa direção oposta e não percebem que trabalhar para um chefe muito bonzinho é quase tão ruim quanto para aquele que só sabe gritar. Na primeira vez em que fui "chefe", foi exatamente este o meu problema.

Em um antigo emprego como funcionário, outras três colegas e eu recebemos um estagiário para gerenciar. O estagiário, vamos chamá-lo de Wayne, acabara de se formar e estava ávido por conseguir um emprego e começar a progredir no setor (nesse caso, jornalismo na web). Ele era educado, pontual e se empenhava muito no trabalho. Porém, ainda precisava de bastante ajuda e atenção. Eu via muito de mim em Wayne — ele demonstrava a mesma dificuldade para se ajustar à vida do mercado de trabalho que eu tive quando deixei a faculdade. Foi um excelente aluno em toda a graduação, mas não estava conseguindo traduzir isso em ser um bom funcionário — por exemplo, tinha ótimas ideias que queria compartilhar em nossa reunião editorial diária, mas não conhecia "as regras" do escritório: uma delas, somente os editores seniores compartilham ideias nessa reunião, e os assistentes falam somente se lhes pedirem diretamente uma opinião específica. Muito embora ele tivesse bons pontos para contribuir, levou um tempo até que entendesse o fato de que era considerado um pouco arrogante para os assistentes — especialmente para um estagiário! — compartilhar ideias nessa reunião. Ainda mais se uma das ideias do estagiário entrasse em contradição com o que um dos editores seniores havia dito. E por que demorou tanto tempo para ele entender isso? Bem, provavelmente, porque nenhum dos assistentes contou essa regra para ele.

Para nós quatro, era a primeira vez que precisávamos gerenciar um estagiário, nenhuma tinha noção de liderança e nem de como delegar tarefas a outra pessoa — até então, nós éramos as pessoas para quem os chefes passavam as tarefas diárias. Wayne estava disponível e querendo fazer todo trabalho que dessem a ele, mas nenhuma de nós quatro lhe passou um projeto.

Mais tarde eu entendi por que fui uma "chefe" horrível para Wayne. Em primeiro lugar, eu nunca havia gerenciado ninguém antes e tinha dificuldade em delegar tarefas para outra pessoa; não me sentia bem indo diretamente até ele para dizer o que devia fazer, então, acabava realizando tudo sozinha só para evitar aquela situação estranha. Provavelmente, tinha medo de passar a ele um projeto, gaguejando: "Você acha que, bem, talvez consiga trabalhar nisso... hã... nessa tarefa? Quer dizer, se tiver tempo. Ah, ok, legal, bem, faça o possível!"

O segundo problema — que definitivamente contribuiu para o primeiro —, é que eu ainda tinha questões em aberto sobre o relacionamento entre chefe e funcionário. Ainda sofria as consequências daquele primeiro emprego tóxico como funcionária, mesmo depois de sair de lá e ter conseguido um emprego melhor e mais gratificante. Era inegável que ainda enfrentava dificuldades com a estrutura tradicional do ambiente profissional. Em algum lugar de minha mente estava escrito que se um dia tivesse a oportunidade de ser chefe não poderia ser maldosa. Além disso, acho que estava intimidada pela ideia de pedir a Wayne — um rapaz, especialmente mais alto que eu — que fizesse alguma coisa. Combine tudo isso ao fato de a pessoa que supostamente deveria estar me orientando ser um bobalhão e você terá a receita certa para um gestor fracassado.

O resultado da primeira tarefa que passei a Wayne — uma reportagem que eu estava escrevendo e que pedira a ele que checasse alguns dados — foi bastante ruim. Evidentemente, Wayne não prestara a mínima atenção ao manual de estilo da nossa redação e vários pontos que eu havia pedido para ele verificar estavam incorretos ou incompletos. Em vez de devolver o texto a ele, mostrando os pontos que devia corrigir ou atualizar, eu refiz o trabalho sozinha. Tomei essa atitude, em parte, porque ainda acreditava que o modo mais rápido de fazer algo era sozinha e, em parte, porque não conseguiria controlar o nervosismo para caminhar até Wayne segurando uma folha de papel cheia de marcas vermelhas e, então, explicar que ele fizera o trabalho com muitos erros. Depois de umas semanas dessa história, Wayne começou a tornar-se um tanto arrogante. Ele acreditava estar fazendo um ótimo trabalho porque ninguém nunca o corrigira, dissera a ele que estava errado ou o fizera perceber que estava cometendo falhas. Pior que isso, inadvertidamente, estávamos todas encobrindo seus erros ao corrigi-los sozinhas em vez de ensiná-lo e ajudá-lo a aprender a realizar um bom trabalho.

Depois de alguns meses, abriu-se uma vaga efetiva na empresa. Wayne conseguiu a posição, em grande parte porque nenhuma de nós reclamou da qualidade do trabalho dele e os editores seniores acharam que isso significava que seu desempenho era, de fato, muito bom. Fiquei feliz por ele, mas também me dei conta de que a nova posição exigiria muito mais dele e eu perdera várias oportunidades de lhe ensinar algo.

Assim que Wayne passou a trabalhar para os editores seniores, nenhum deles demorou a apontar seus erros, dizer o que ele fazia de errado e pedir para começar tudo de novo. Wayne estava ficando magoado e frustrado por não compreender a situação — afinal, estava realizando o mesmo tipo de tarefa há meses e ninguém nunca havia dito nada negativo sobre seu trabalho. Por que agora, de repente, as pessoas estavam dizendo que ele estava errado?

A verdade é que eu era enormemente responsável por aquelas dificuldades de Wayne no trabalho. Tivera muitas chances de dizer a ele o que estava fazendo errado ou explicar as políticas da empresa, mas não aproveitei nenhuma. Meu medo de gerenciar outra pessoa não era mais apenas um problema meu — tornara-se também um problema de Wayne. Eu poderia ter corrigido as falhas dele no início, mas como não permiti a mim a posição de "chefe" ou "gerente", a situação continuou sem solução. A primeira vez que um editor sênior disse a ele que estava errando muito e ficando desleixado, Wayne ficou arrasado. Foi uma grande queda para ele porque durante meses eu o deixei acreditar que estava fazendo um ótimo trabalho. Minha recusa e inabilidade em me assumir como gestora fez tanto mal para a carreira de Wayne quanto para a minha. Essa encrenca toda — e, para sua informação, ele continua na mesma empresa e trabalha muito bem — me ajudou a aprender umas lições duras a respeito de mim mesma: precisava aprender a gerenciar os outros se quisesse continuar a crescer na carreira, mas me sentia pouco confortável com isso.

Um dos pontos que sempre reafirmo em nosso site é que os chefes — como subgrupo humano — não são fundamentalmente maus. Muitos deles são cansativos e tratam os funcionários muito mal, mas isso é por causa de sua personalidade e não uma característica intrínseca ao cargo. Porém, a maior parte da discórdia entre chefes e funcionários deve-se ao fato de que a maioria dos primeiros chegou a essa posição por trabalharem duro, por sua idade ou qualquer outro motivo, mas não receberam nenhum treinamento adicional em competências referentes a gerenciamento humano. Muitos chefes ainda estão aprendendo a realizar seu trabalho assim como os funcionários estão aprendendo a realizar o deles. E, portanto, nenhum está pronto para trabalhar com o outro. Como comentou uma pessoa no site "Save the assistants":

> *Pela minha experiência, as promoções são tratadas pelas empresas como se fossem um videogame. Você é um empregado entre 1-200 pontos. Quando começa, vale só um ponto. Aí, dependendo dos anos de serviço, responsabilidades extras, dedicação, avaliações de desempenho e competências, vai somando mais pontos. Quando finalmente chega a 201 pontos, você se torna um chefe!*

Embora nem sempre seja assim, esse comentário mostra um ponto excelente: muita gente é promovida para cargos que não é capaz de desempenhar. Ou melhor, são muito bons no que fazem e estão prontos para assumir novas responsabilidades, mas é bem provável que precisem de alguma orientação e treinamento para outros desafios do cargo — em especial, como trabalhar com outras pessoas e ser um bom gestor.

Então, considerando que você seja promovido para uma posição de liderança, não importando quão preparado se sinta, detalho a seguir alguns pontos que aprendi com base em minha desastrosa experiência inicial como chefe. Vamos torcer para que você se saia melhor que eu.

Seja honesto

Quando seu estagiário fizer algo errado, diga a ele. Você pode corrigir erros sem gritar, berrar ou demonstrar uma atitude arrogante. Se seu estagiário já tem idade suficiente para trabalhar em um projeto, então, também já está maduro o bastante para conviver com as críticas. Apenas certifique-se de que seus comentários relacionam-se a sua performance profissional e não têm nada a ver com questões pessoais.

Você também pode ser sincero a respeito de suas próprias dúvidas e apreensões. Você está totalmente livre para dizer: "Desculpe, não quero ser duro, mas nunca gerenciei ninguém antes, portanto, ainda não sou muito bom para explicar as etapas de como realizar essa tarefa. Você tem alguma pergunta específica sobre o projeto? Vamos começar por aqui...".

Finja que o estagiário é um convidado

Antes de começar a delegar tarefas para alguém, seja um bom anfitrião. Finja que o escritório é a sua casa e o estagiário, um convidado que vai ficar uns dias com você — o que ele quer/precisa saber? Certifique-se de que a pessoa já sabe onde é o banheiro, como acessar o e-mail da empresa, a quem recorrer em caso de problemas de informática, como funciona a máquina de café e onde pode colocar o casaco. Pode parecer bobagem ou tedioso, mas ajuda muito fazer o estagiário sentir-se bem-vindo, confortável e como um verdadeiro novo integrante da empresa. E o mais importante: se o estagiário souber desses itens básicos, é menos provável que vá incomodar você no meio de um assunto importante para perguntar em qual andar fica a copa.

Dê ao estagiário uma visão geral sobre as regras e protocolos do escritório, inclusive as que não estão nos manuais

Você já está há algum tempo nesse emprego e, provavelmente, existem certos fatos sobre a empresa que você já conhece, embora nunca tenham sido explicitados. Seu estagiário é novo na companhia e pode ser que nunca tenha trabalhado; então, o mínimo que pode fazer por ele é falar sobre o que deveria saber, mas nunca ninguém lhe disse antes. Regras não escritas incluem pontos como o código de vestuário ("Sei que o manual de funcionários diz que, no verão, podemos trabalhar com shorts, mas o gerente administrativo irá reclamar se for curto demais... Uma vez eu tive de voltar para casa e me trocar!"), como agir em reuniões com os poderosos chefões ("O CEO nunca fala com assistentes ou estagiários. Ele é um idiota, não leve para o lado pessoal. Se precisar perguntar algo, peça ao funcionário dele, que vai resolver sua dúvida.") e a quem recorrer se estiver em situações difíceis ("Sei que você deve vir direto a mim, mas se eu estiver em uma reunião com o chefe, ele vai ficar bravo pela interrupção. Portanto, fale com Fulano sobre o assunto ou espere por mim fazendo outra atividade até que eu esteja disponível").

É bom ser amigo

É provável que você e seu estagiário tenham faixa etária mais próxima que você e seu chefe. Vocês dois vão se dar bem, acabarão amigos e irão sair à noite depois do trabalho — tudo bem, desde que você consiga continuar sendo profissional na empresa. Embora você já tenha aprendido a ser amigo de seus colegas de escritório sem deixar que isso interfira no trabalho, seu estagiário com certeza ainda não teve essa experiência profissional, e a sua atitude e o seu comportamento é que irão ajudá-lo a entender o que é apropriado.

Admita suas falhas

Como não me sentia confortável em dizer para o estagiário "faça isso" ou "não faça aquilo", eu suavizava o tom do que precisava falar combinando a instrução com uma piada ou história pessoal. Por exemplo, em vez de apenas dizer "Não fale em reuniões a não ser que seja diretamente questionado", o que eu achava muito ríspido, eu optei por "Sabe, só para sua informação, a maioria dos assistentes e estagiários não fala em reuniões a não ser que alguém peça a opinião deles sobre o assunto. Quer dizer, uma vez, eu interferi com uma ideia que não saía da minha cabeça, e acontece que minha brilhante ideia era exatamente o oposto do que estava pensando o editor-chefe. Fiquei tão constrangida!". Desse modo, além de dar diretrizes ao estagiário sobre como agir, você deixa claro que já esteve na posição dele e sabe como ele se sente. Além disso, essa atitude faz você sentir que está oferecendo orientações construtivas.

Certifique-se de saber quais são os requisitos do estágio

Se ele está trabalhando para obter créditos na universidade, cada faculdade tem seu próprio sistema e suas exigências específicas. Converse com o estagiário para saber se tudo está dentro das regras — você precisa assinar algum formulário assegurando as horas que ele trabalhou por mês? Ele precisa trabalhar somente em algum tipo específico de projeto? Existe algum formulário ou alguma apresentação que ele tem de fazer e colher a assinatura de alguém na empresa para conseguir se graduar? Faça todo o possível para ter certeza de que o estagiário vai receber todos os créditos pelo trabalho dele — ele está ajudando você ao assumir algumas de suas responsabilidades, portanto, o mínimo que pode fazer é ajudá-lo a obter o reconhecimento e o crédito pelo estágio e pelo trabalho que realizou.

Faça o estagiário se sentir à vontade

Sim, é importante para os estagiários aprender a fazer transcrições, preencher formulários cheios de requisitos e realizar todas aquelas tarefas tediosas para as quais você não tem mais tempo. Mas também é muito importante para eles ter a sensação de que estão realmente trabalhando em uma empresa — e isso inclui mais que realizar tarefas maçantes. Convide o estagiário para as *happy hours* da equipe (a não ser que ele seja menor de idade, claro!), leve-o para almoçar no primeiro dia e chame-o para a festa de final de ano da companhia. Esse é uma ótima maneira de fazê-lo se sentir incluído em tudo. Além disso, é pura maldade fazer alguém ajudar você a planejar e coordenar todos os detalhes de um evento e não convidar a pessoa para participar.

Ouça

Quando olho em retrospectiva para meu tempo de estagiária, lembro de quanto tempo perdia, confusa no meio de tarefas das mais simples. Tarefas que todos faziam em cinco minutos, como preencher um formulário de ressarcimento de despesas, me roubavam um tempão até eu aprender o jargão corporativo ou brigar com as múltiplas versões de um único documento. Quando minha gerente de estágios veio conversar comigo, acabei fazendo um monte de perguntas, que foram de pontuação de frases ao horário de entrada. Felizmente, ela foi realmente compreensiva a respeito das minhas perguntas e, no final do meu estágio, eu estava bem mais profissional, tanto que fui encarregada de treinar os iniciantes seguintes.

Mesmo que algo possa lhe parecer muito simples hoje em dia, você nunca sabe que tipo de dúvidas, esclarecimentos ou problemas as outras pessoas poderão ter. Portanto, antes de se colocar em marcha e começar a listar todas as tarefas que o estagiário precisa realizar, dê um tempo e veja se ele tem perguntas ou dúvidas sobre as atividades propostas ou sobre a empresa de um modo geral. Você vai ficar surpreso, porque saber onde está determinado objeto ajuda mesmo o trabalho a fluir.

***

E, então, o que você aprendeu? Você pode ser um funcionário há muitos anos, um aspirante a executivo ou estar em um cargo entre os dois, mas há sempre um caminho. Não importa que você esteja muito infeliz em seu atual emprego ou que ache que está preso para sempre em um trabalho sem futuro, este livro está aqui para lembrar que você tem a força e a habilidade para conquistar a carreira dos seus sonhos. Não é fácil, mas nada muito bom costuma ser fácil. As ferramentas deste livro são suas, use-as; e eu espero ter conseguido fazer você compreender como evoluir, manter a perspectiva e dar umas risadas de vez em quando. Seja ao lembrar que poderia ser pior (talvez seja a hora de adotar o mantra: "Pelo menos, não sou assistente de Naomi Campbell"), ao escolher um modelo de ex-assistente bem-sucedido para inspirar sua trajetória ou descobrir como enfrentar um chefe ladrão de ideias antes que ele apresente sua brilhante proposta como dele, espero que este livro ajude você a navegar nessa etapa de sua carreira. Desejo que você não precise deste livro por muito tempo, mas que as ideias apresentadas nele sigam com você por todas as etapas de sua carreira recompensadora e bem-sucedida.

Acima de tudo, nunca se esqueça da Regra do Carma do Assistente — sempre trate os assistentes (e temporários e estagiários e zeladores e recepcionistas e todo mundo que esteja "abaixo" de você na hierarquia da empresa) como gostaria de ser tratado. O trabalho que você realiza hoje está construindo o alicerce de sua futura carreira e você não quer destruir tudo isso ao se tornar um chefe mesquinho. Pode parecer pouco, mas mudar para melhor a vida de um assistente tem um efeito positivo enorme no escritório. Imagine o que aconteceria se os chefes de todo o mundo passassem a tratar seus funcionários com cortesia e respeito — digamos que este livro nem precisaria existir e eu ficaria bastante satisfeita com isso. Até lá, coloque o livro na mochila, tenha uma boa noite de sono e vá fazer seu melhor na próxima segunda-feira de manhã.

Notas

Capítulo 1

1. Exhaled by culture: palestra inaugural de Barbara Kingsolver, How to be hopeful, realizada em 11 de maio de 2008. Disponível em: http://www.dukenews.duke.edu/2008/05/kingsolver.html.
2. Wintour had apparently insisted em *Gawker*. com: Anna Wintour is still a hair nazi, 27 de agosto de 2008 em http://gawker.com/5042432/anna-wintour-is-still-a<->hair-nazi.
3. Morale has been low no livro Personal days, de Ed Park, publicado pela Random Houe em 2008.

Capítulo 2

1. Jake Halpern, em Fame junkies: the hidden truths behind America's favorite addiction[Sujeiras da fama: as verdades ocultas por trás do vício predileto da América]. Houghton Mifflin, 2007.
2. New York Times. "Naomi pleads guilty to tossing phone at maid", 17 janeiro de 2007. Disponível em http://news.bbc.co.uk/2/hi/americas/6425581.stm.
3. BBC News. "Supermodel Naomi to mop floors", 07 de março de 2007. Disponível em http://news.bbc.co.uk/2/hi/americas/6425581.stm.
4. MSNBC. "Campbell hangs up mop, straps on stilettos", 23 de março de 2007. Disponível em http://msnbc.msn.com/id/17760892.
5. The Fashion Bomb. "Naomi Campbell hit me", 02 de março de 2009. Disponível em http://fashionbombdaily.com/wp-content/uploads/2009/03/naomi_campbell_hit-me.jpg

6. New York Magazine. "Talk show host gives birth", 23 de abril de 2007. Disponível em http://nymag.com/news/intelligencer/30932/.
7. USA Today. "The devil wears Prada: Lauren Weisberger", 15 de abril de 2005. Disponível em http://www.usatoday.com/community/chat_03/2003-04-15-weisberger.htm.
8. TMZ. "Sex Pistol accused of firing fist at woman's face", em 04 de junho de 2008. Disponível em http://www.tmz.com/2008/06/04/sex-pistol-accused-of-firing-fist-at-womans-face/
9. The Huffington Post. "Artie Lange walks off Howard Stern, possibly for good", em 11 de abril de 2008. Disponível em http://www.huffingtonpost.com/2008/04/11/artie-lange-walks-off-how___96187.html.
10. E! Online. "Artie Lange enters rehab", em 06 de agosto de 2008. Disponível em http://www.eonline.com/uberblog/b22427_artie_lange_enters_rehab.html.
11. The Insider. "Mariah Carey's diet and beauty tips", em 24 de setembro de 2007. Disponível em http://www.theinsider.com/news/372625_Mariah_Carey_s_Diet_And_Beauty_Tips
12. Hollywood Drag. "Mariah Carey's breast tape assistant", em 24 de setembro de 2007. Disponível em http://www.hollywooddrag.com/index.php?/weblog/mariah_careys_breast_tape_assistant/
13. Contactmusic.com. "Mariah Carey stuns fans with drinks assistant", em 06 de dezembro de 2005. Disponível em http://www.contactmusic.com/new/xmlfeed.nsf/story/carey-stuns-fans-with-drinks-assistant
14. New York Post. "Seltzer specific", em 20 de junho de 2008. Disponível em http://www.nypost.com/p/pagesix/seltzer_specific_ySOTRJWILZtvXz2yvJtQKK
15. New York Daily News. "David Hasselhoff's pickup game isn't that hot", em 16 de abril de 2008. Disponível em http://www.nydailynews.com/gossip/2008/04/16/2008-04-16_david_hasselhoffs_pickup_game_isnt_so_ho.html
16. People. "Falling apart", em 06 de agosto de 2007. Disponível em http://www.people.com/people/archive/article/0,,20061498,00.html
17. The Hollywood Gossip. "It's Lindsay Ratowsky: latest Lindsay Lohan rival revealed", em 08 de dezembro de 2006. Disponível em http://www.thehollywoodgossip.com/2006/12/its-lindsay-ratowsky-latest-lindsay-lohan-rival-revealed/

18. Daily Mail Online. "Detox Kate in tears as she loses her rock", em 09 de março de 2008. Disponível em http://www.dailymail.co.uk/tvshowbiz/article-528700/Detox-Kate-tears--loses-rock.html
19. Sun. "Kate Mosses up her nanny's life", em 07 de agosto de 2008. Disponível em http://www.thesun.co.uk/sol/homepage/showbiz/bizarre/article1524029.ece#OTC--RSS&ATTR=Bizarre
20. Davidbelishe.com. "Resume", sem data. Disponível em http://www.davidbelisle.com/resume
21. News.com.au. "Kate Bosworth's wedded bliss (sort of)", em 06 de março de 2008. Disponível em http://www.news.com.au/entertainment/story/0,26278,23327812-10388,00.html
22. Neilgaiman.com. "What my assistant does", em 12 de agosto de 2006. Disponível em http://www.journal.neilgaiman.com/2006/08/what-my-assistant-does.html
23. Mlive.com. "Chelsea Handler...", em 07 de agosto de 2008. Disponível em http://www.mlive.com/entertainment/flint/index.ssf/2008/08/chelsea_lately_comedienne_take.html
24. Goodreads. "Little nuggets of wisdom", em abril de 2009. Disponível em http://www.goodreads.com/books/show/4412981.Little_Nuggets_of_Wisdom
25. Songfacts. "Terry's song", sem data. Disponível em http://www.songfacts.com/detail.php?id=9092.
26. Countingdown.com. "Sex and the City — Cast and director interviews", em 19 de março de 2008. Disponível em http://www.countingdown.com/features?feature_id=4032746.
27. New York Daily News. "How to Hit the Road", em 18 de julho de 2007. Disponível em http://www.nydailynews.com/gossip/bwiddicombe/2007/07/18/2007-07-18_fanning_ushers_ire_.html
28. Bauer Griffin Online. "Angelina Jolie's pregnant assistant, same due date", em 23 de março de 2008. Disponível em http://bauergriffinonline.com/2008/05/angelina-jolies-pregnant--assist.php
29. Miami Herald. "Miami banker gives $60 million of his own to employees", em 14 de fevereiro de 2009. Disponível em http://www.miamiherald.com/news/miami-dade/story/904842.html

30. Investment News. "Singing an assistant's praises", em 24 de março de 2008. Disponível em http://www.investmentnews.com/apps/pbcs.dll/article?AID=/20080324/REG/538784977/1013
31. Herald Sun. "Molly Meldrum's got a little mate", em 29 de março de 2008. Disponível em http://www.heraldsun.com.au/news/victoria/molly-meldrums-got-a<->little-mate/story-e6frf7kx-1111115916946
32. ABC News. "Boss donates kidney to employee", em 29 de junho de 2007. Disponível em http://www.abcnews.go.com/GMA/story?id=3297668&page=1
33. Variety."WMA Layoffs Begin" em 18 de maio de 2009. Disponível em http://www.variety.com/article/VR1118003877.html?categoryld=13&cs=1

Capítulo 3

1. Reuters. "Japanese firm offers 'heartache leave' for staff" em 28 de janeiro de 2008. Disponível em http://www.reuters.com/article/lifestyleMolt/idUST8913820080128.

Capítulo 5

1. New York Observer. "The Stein murder confession". Em 09 de novembro de 2007. Disponível em http://www.observer.com/2007/stein-murder-confession-marijuana-smoke--yoga-stick-kelloggs-diner.
2. Writers Guild of America, West. "A funny thing happened on the way to Wisteria Lane", sem data. Disponível em http://www.wga.org/writtenby/writtenbysub.aspx?id=1762.
3. IMDB. "Dixie Carter", sem data. Disponível em http://www.imdb.com/name/nm0141581/.
4. STA. "The STA interview: Julie Jackson", em 15 de setembro de 2008. Disponível em http://savetheassistants.com/2008/09/15/the-sta-interview-julie-jackson/
5. PR Newswire. "Novo Nordisk and Divabetic to inspire glamorous diabetes care", sem data. Disponível em http://www.prnewswire.com/mnr/divabetic/31968/.
6. IMDB. "Jonathan Levine:, sem data. Disponível em: http://www.imdb.com/name/nm1349522/.
7. Wikipedia. "Cheryl Hines", sem data. Disponível em: http://en.wikipedia.org/wiki/Cheryl_Hines.
8. Intern Queen Inc. "About me", sem data. Disponível em: http://www.internqueen.com/about.php.

9. Los Angeles Times. "Harvey Weinstein, 'nowhere' man", em 24 de março de 2009. Disponível em http://articles.latimes.com/2009/mar/24/entertainment/et-bigpicture24.
10. Karadioguardi.net. "Interesting facts about Kara Dioguardi", sem data. Disponível em http://www.karadioguardi.net/kara-dioguardi-trivia.php.
11. National Public Radio. "In New Orleans, trash magnate cleans up", em 21 de setembro de 2008. Disponível em http://www.npr.org/templates/story/story.php?storyId=94567163.
12. Save The Assistants. "The STA interview: Jen Perkins", em 18 de maio de 2009. Disponível em http://savetheassistants.com/2009/05/18/the-sta-interview-jen-perkins/
13. Defamer. "Liveblogging the Oscars...", em 25 de fevereiro de 2007. Disponível em http://defamer.gawker.com/hollywood/oscars/liveblogging-the-oscars-here-we-go--again-239504.php.
14. IMDB. "Odessa Whitmire", sem data. Disponível em http://www.imdb.com/name/nm0926208/
15. Someoddrubies.com. "Who we are", sem data. Disponível em http://someoddrubies.com/.
16. IMDB. "Jason Pollock", sem data. Disponível em http://www.imdb.com/name/nm1660671/.
17. Theyoungestcandidate.com. "Director Jason Pollock to be honored...", em 28 de julho de 2009. Disponível em http://www.theyoungestcandidate.com/main/News/tabid/58/EntryID/84/Default.aspx.
18. Wikipedia. "Nadine Haobsh", sem data. Disponível em http://en.wikipedia.org/wiki/Nadine_Haobsh.
19. Contactmusic.com. "I'm an assistant, not a butler", em 26 de março de 2004. Disponível em http://www.contactmusic.com/new/xmlfeed.nsf/story/p-diddy.s-bentley.-i.m-an--assistant-not-a-butler.
20. Amazon.com. "Advance your swagger", sem data. Disponível em http://www.amazon.com/Advance-Your-Swagger-Manners-Confidence/dp/1400064538/ref=sr_1_1?ie=UTF8&s=books&qid=1252291571&sr=8-1.
21. MTV.com. "From g's to gents", sem data. Disponível em http://www.mtv.com/ontv/dyn/g_to_gents/series.jhtml.

Este livro foi impresso pela Assahí Gráfica em papel *offset* 75 g.